BENOÎT R. SOREL

LES CINQ PRATIQUES
DU JARDINAGE AGROÉCOLOGIQUE

Éditions BoD

DU MÊME AUTEUR

À l'école d'agriculture durable – institut technique
d'agriculture naturelle :

Cours d'entomologie pour l'agriculture naturelle

Aux éditions BoD :

*L'élevage professionnel d'insectes :
points stratégiques et méthode de conduite*

L'agroécologie : cours théorique

L'agroécologie : cours technique

Nagesi

Site internet : http:\\jardindesfrenes.jimdo.com

© 2016, Benoît R. Sorel

Edition : BoD - Books on Demand
12/14 rond-point des Champs Elysées, 75008 Paris
Impression : Books on Demand GmbH, Norderstedt, Allemagne
ISBN : 9782322077632
Dépôt légal : mai 2016

SOMMAIRE

Introduction 1

1. Les parties du jardin 4

2. Créer un sol potager 12

3. Cycle de culture des plantes annuelles 21

4. Cycle de culture des plantes vivaces 37

5. Faire du terreau 41

Illustrations 48

Logique agroécologique 51

Le jardinage agroécologique est-il pour vous ? 59

Conclusion 65

Annexes 70

INTRODUCTION

Ce petit livre est un exposé des cinq pratiques essentielles du jardinage agroécologique. Pour éviter les malentendus, je précise qu'il s'agit ici de *jardinage*. J'ai expliqué dans un autre livre[1] que l'agroécologie peut prétendre à devenir une activité professionnelle, mais à ce jour elle n'a pas encore atteint ce stade. Elle y aspire résolument, donc le jardinier ne trouvera dans l'agroécologie ni pratiques intuitives, mais des pratiques basées sur des connaissances scientifiques du sol, ni pratiques farfelues qui réclament une débauche de temps et de moyens, mais des pratiques où l'efficacité de chaque geste est méthodiquement optimisée.

Qu'est-ce donc que l'agroécologie ? C'est une forme particulière de jardinage biologique. Il s'agit de n'utiliser ni OGM ni produits de synthèse (engrais, pesticides, hormones de croissance) et de relever encore plus de défis : pas de variétés hybrides, pas de mécanisation lourde, pas de travail du sol, autonomie maximale, pas de forçage des plantes, pas de cultures hors saison, pas de fumier. C'est un travail qui se veut artisanal et très respectueux du rythme des plantes et du sol. Il va sans dire que de tels objectifs obligent le jardinier à être créatif ! Autre implication d'importance : cela limite la surface cultivable par personne à 1000 m². Très petite (trop ?) pour une activité professionnelle, cette surface est déjà considérable pour une activité de jardinage. De nos jours, les jardins potagers de cette dimension sont plutôt rares.

---

[1] *Agroécologie – Cours théorique*, Éditions BoD, 2015.

Pour bien gérer cette surface et la faire produire de mai à novembre, il faut absolument planifier et poser des *priorités*. Les pratiques suivantes sont prioritaires :

- définir et positionner les différentes parties d'un jardin ;
- transformer un sol de prairie en un sol apte à accueillir des plantes potagères ;
- maîtriser le cycle de culture des plantes annuelles, c'est-à-dire la très grande majorité des légumes ;
- maîtriser le cycle de culture des plantes vivaces, notamment des fraisiers, mûriers et cassissiers ;
- faire du terreau pour les semis.

Si on maîtrise ces pratiques, la terre sera fertile sans discontinuer d'une année sur l'autre, ce qui n'est déjà pas rien ! Les autres pratiques, récoltes et soins spécifiques à chaque espèce cultivée, sont bien sûr indispensables, mais secondaires dans la pensée agroécologique.

On peut certes accomplir ces cinq pratiques essentielles de façon « traditionnelle » : le jardinage traditionnel consiste notamment à retourner le sol à la bêche au printemps et à y incorporer du fumier. Ainsi procédaient mes grands-parents, leurs parents et leurs parents avant eux. L'agroécologie, que je mets en pratique dans mon *Jardin des Frênes* en Basse-Normandie, est autre façon de penser et de travailler. D'une part, je ne souhaite pas m'éreinter à la tâche. Ceux qui auront bêché ne seraient-ce que 50 m² en connaissent la pénibilité physique, et je m'incline devant la vaillance de mes grand-parents. D'autre part, je remplace le retournement du sol et l'incorporation du fumier par d'autres pratiques dont le résultat final est le même : une bonne terre noire et grumeleuse.

Ceci est possible parce qu'il y a aujourd'hui des connaissances qui n'existaient pas avant les années 1970, notamment l'écologie des plantes et du sol. À partir de ces connaissances nouvelles, des pratiques nouvelles ont été inventées, qui sont constitutives de l'agriculture biologique et de ce que j'appelle les agricultures biologiques alternatives : agriculture naturelle, permaculture, agroforesterie et agroécologie.

Dans ce petit livre, ce sont les pratiques essentielles de l'agroécologie que je vais vous présenter. Pour vous aider dans votre découverte de l'agroécologie, les mises en pratiques sont indiquées par le symbole >>>. Des photographies, des schémas, des comparaisons et des exemples ponctueront votre parcours de découverte. Une fois les pratiques essentielles de l'agroécologie présentées, vous pourrez approfondir certains aspects à l'aide du chapitre dédié à la logique agroécologique.

Je souhaite que ce petit ouvrage puisse satisfaire votre curiosité, qu'il puisse vous aider à distinguer si l'agroécologie est faite pour vous, et si oui qu'il puisse accompagner vos premiers pas en agroécologie. Bonne lecture, et bonnes récoltes !

Benoît R. SOREL

1. LES PARTIES DU JARDIN

Un jardin agroécologique comporte nécessairement quatre parties :

I. Les « planches »

Les planches sont les espaces cultivés proprement dits. Elles sont permanentes, c'est-à-dire qu'on les positionne une fois pour toutes.

➢➢➢ On leur donne une largeur minimale de 1,20 mètre pour pouvoir faire trois rangées de légumes, ou de 1,50 m pour quatre rangées. Ainsi on peut toujours atteindre aisément les rangées centrales. La longueur des planches dépend de l'espace disponible, ainsi que de la vaillance du jardinier ! Pour ma part, j'ai des planches de 1,20 × 13 mètres et 1,50 × 16 mètres.

Sur une planche de 1m20 on peut faire deux rangées de choux, et trois sur une planche de 1m50. Rhubarbe et artichauts nécessitent toujours une largeur complète.

II. Les allées

On distingue les allées majeures et les allées mineures. Elles sont nécessairement enherbées. Les mineures font 0m50 de large : la largeur d'une tondeuse. On y passe donc aisément une brouette. Les majeures font 1m50 de large, afin de pouvoir y passer un chariot large à deux roues.

➢➢➢ Les allées sont tondues toutes les deux semaines avec une tondeuse possédant la fonction *mulching* : grâce à une lame spéciale et un carter fermé, l'herbe coupée est finement hachée puis répandue sur place sans faire de « paquets ». Le sol des allées est ainsi nourri, l'herbe devient épaisse, vigoureuse et elle supporte bien les passages répétés du jardinier, de ses brouettes et chariots. Si nécessaire, la tonte des allées peut être ramassée avec le bac à tondeuse. Il faut alors alterner les tontes mulching et les tontes « récolte ».

Le sol des allées contient beaucoup de racines d'herbe, qui sont l'habitat naturel du ver fil de fer (aussi appelé taupin). C'est la forme larvaire d'un insecte. Les taupins sont nombreux, gourmands, et passent les trois années de leur stade larvaire dans le sol : ce sont donc des ravageurs à ne pas sous-estimer. Quand les allées sont enherbées, ils y demeurent et épargnent ainsi les cultures.

III. Les « zones tampons »

De même dimension que les planches, intercalées entre les planches ou autour, ce sont des zones où l'herbe et la végétation spontanée poussent presque librement. Les zones tampons ont pour fonction de permettre à la végétation naturelle de s'exprimer, et de servir de refuge à la faune auxiliaire (coccinelles, crapauds, carabes, orvets...) Ces auxiliaires sont des prédateurs naturels des ravageurs des cultures (les pucerons et les chenilles par exemple), aussi ne faut-il pas les oublier ! Autre fonction intéressante : les zones tampons freinent le vent.

>>> La végétation des zones tampons est fauchée une seule fois par an, en automne. Les plantes envahissantes (chardons et *Rhumex* par exemple) sont enlevées sélectivement au cours de l'année, avant qu'elles ne grainent. Pour aider à l'installation des auxiliaires, on y installe un ou deux tas de bois hauts de 50 cm environ, et on peut aussi y installer une mini-mare avec quelques plantes aquatiques (des lentilles d'eau et un iris par exemple).

Les zones tampons permettent aux fleurs sauvages de retrouver une place dans le jardin : en fauchant seulement à l'automne, vous pourrez les voir fleurir pleinement au printemps et en été, espèce après espèce.

IV. La prairie

La prairie est partie intégrante du jardin agroécologique. Sa fonction est de fournir du foin et de la tonte. D'une surface au moins le triple de la surface totale des planches, elle est divisée en deux parties. La grande partie, qui fait les trois quarts de la prairie, sert à produire exclusivement du foin. Le quart restant sert à produire exclusivement de la tonte.

>>> **Gérer la prairie à foin**

L'herbe haute est fauchée une première fois à partir de la mi-mai. Après la repousse, elle est fauchée une seconde fois à partir d'octobre. Ces dates varient d'une à trois semaines selon les régions et selon les années. Pour une surface de prairie ne dépassant pas 3000 m², une bonne faux manuelle suffit. Le fauchage se fera alors quotidiennement, une heure par jour maximum pour que cela ne devienne pas fastidieux. Sinon, une motofaucheuse permettra de tout faucher en une journée. Comptez une heure de travail pour 1000 m².

Après la fauche de printemps et après la fauche d'automne, on fera trois passages de tondeuse en mode mulching. Le premier passage se fait dans les jours qui suivent le fauchage, le deuxième après deux semaines, et le troisième deux semaines après.

>>> **Gérer la prairie à tonte**

C'est plus intuitif : on alternera les passages de tondeuse en mode mulching et les passages de tondeuse avec le bac pour récolter la tonte.

Ces indications pratiques doivent, je l'espère, vous paraître assez simples. Mais rien de plus banal qu'une prairie, me direz-vous ! Rien de plus banal aussi que de faucher et de tondre me direz-vous. La simplicité est trompeuse, car *sur cette modeste prairie repose toute la productivité et toute la durabilité du jardin agroécologique.* Chaque 1000 m² de prairie doit fournir annuellement environ 2,5 tonnes de foin et de tonte frais, année après année, sans jamais qu'on ait besoin d'y épandre des engrais, du fumier ou du lisier (qui sont les apports traditionnels). Bien des gazons de pavillons sont très loin d'atteindre la productivité d'une prairie gérée de cette façon ; quand on y marche on sent le sol tassé, l'herbe sèche et les dicotylédones envahissantes. Les céréales, c'est-à-dire les graminées, c'est-à-dire l'herbe, ont besoin d'un sol riche. Tout au contraire du sol d'un gazon à la seule fonction esthétique, le sol de notre prairie doit demeurer riche année après année, quand bien même on exporte sa production et, en plus, par un choix volontaire caractéristique de l'agroécologie, on décide de ne rien y importer.

[Pour ne pas rompre le rythme de l'exposé, je vous invite, après la lecture des chapitres 1 à 5, à lire le chapitre *Logique agroécologique*. Je présente le pourquoi de ces pratiques modestes de gestion de la prairie, j'indique comment les adapter à votre terrain si nécessaire, et, au cas où il est impossible sinon irrationnel d'implanter une prairie, je vous propose des pistes de réflexion.]

Pourquoi une prairie ?

Traditionnellement, les prairies et les espaces tondus sont dissociés du jardin potager. C'est que, dans le jardinage traditionnel et en maraîchage traditionnel, la fertilité du sol est assurée par des apports de fumier sinon d'engrais. En jardinage agroécologique, *on vise l'autonomie tout en s'assurant de maintenir le sol fertile*. Les plaisantins disent qu'on peut avoir l'une ou l'autre, mais pas les deux en même temps ! Je ne suis pas d'accord. Gardons seulement la bonne humeur de ces plaisantins, et mettons-nous au travail, après quelques explications.

Ne souhaitant ni vache ni cheval, et ne souhaitant pas dépendre d'un éleveur pour obtenir du fumier, j'ai décidé de maintenir la fertilité du sol cultivé presque entièrement grâce au foin et à la tonte produite par mon terrain. Le compost, que je fais aussi sur place, vient compléter le foin et la tonte. Pour mes 900 m² de planches cultivées, ma prairie à foin de 2000 m² fournit environ 4 tonnes annuelles de foin. Allées et prairie à tonte me fournissent environ une tonne annuelle de tonte. Les restes de culture, les épluchures et la végétation que j'enlève de mes fossés pour les entretenir, sont compostés. Ils me fournissent environ une tonne de compost, ou 3 m³ (décompacté) soit environ 30 brouettées. Chaque année, ce sont donc environ six tonnes de matière organique que j'amène au sol des planches, soit environ six kilos au m², pour le maintenir fertile.

Cela fonctionne-t-il, me demanderez-vous ? Mon jardin n'a que quatre ans, et les prochaines années me diront si le sol reste fertile ou si je dois réduire la surface totale de mes planches pour augmenter le ratio de matière organique amenée par m². Pour l'instant, je constate que la terre est plus noire et plus légère qu'il y a trois ans, ce qui est bon signe.

Et les mauvaises graines ?

Vous avez compris que le foin et la tonte seront amenés dans le jardin (nous expliquerons plus loin en détail leur utilisation). Avec le foin et la tonte, ne va-t-on pas amener aussi des graines dans les planches, qui vont alors se trouver envahies d'adventices[2] ? Cette crainte n'est pas fondée : si les dates de fauchage sont respectées, les graines des herbes et des adventices n'ont pas le temps d'arriver à maturité. Elles ne lèveront pas, donc il n'y a pas de risque de contaminer les planches.

---

2 Appellation scientifique des « mauvaises herbes ».

Une esthétique originale

De l'herbe haute au milieu du jardin, dans les zones tampons. De l'herbe haute dans la prairie avoisinante. Cela ne va-t-il pas faire ressembler le jardin agroécologique à une friche abandonnée ? Que vont penser les voisins ? Mais ne dit-on pas que les goûts et les couleurs ne se discutent pas ? Pour ma part, je suis très satisfait de l'aspect de la prairie. Fauchée et tondue en mode mulching aux dates convenues, elle toujours d'un beau vert. Avant la fauche de printemps, avant donc que les graines n'arrivent à maturité, elle est vert cuivré (la latitude et les espèces présentes de graminées et de fleurs sauvages peuvent faire varier la couleur).

L'esthétique de la prairie est également une esthétique dynamique : avant les fauchages, les ondulations de l'herbe haute dans le vent sont très agréables à contempler. En cours de printemps et vers la fin de l'été, on a aussi le plaisir de voir l'herbe pousser avec vigueur, et l'on ressent alors toute l'énergie de la Nature. Mais sans le risque de se faire « déborder » : c'est une Nature qui s'exprime sans pour autant être sauvage. C'est une forme d'équilibrage entre les besoins de la Nature et les besoins de l'humain...

Une petite prairie correctement fauchée, avoisinant la maison et le jardin, est une esthétique rare de nos jours, par ses couleurs et par sa dynamique. En général, on privilégie plutôt un gazon tondu ras toutes les semaines, qui a la même apparence d'un bout à l'autre de l'année, d'une année sur l'autre, des décennies durant. On y chasse avec insistance, à l'huile de coude ou au pesticide, la moindre fleur sauvage qui « fait tâche » sur le vert – des gestes que l'on apprend dès l'enfance, pour les reproduire toute sa vie durant. Un tel gazon nous révèle bien des choses sur la psychologie de notre société moderne. Le jardinage biologique, et ses nouvelles variantes permaculturelle et agroécologique, invitent à un autre rapport avec la Nature, et cela démarre avec ce qu'il y a de plus modeste, avec un simple brin d'herbe...

Agencer les parties du jardin

Tout d'abord, vous devez soigneusement concevoir le plan du jardin. Pensez que vous allez passer presque chaque jour de la prochaine décennie dans votre jardin : il doit donc être tout autant agréable que fonctionnel.

>>> Pour disposer les différentes parties du jardin, on suivra ces conseils (qui ne sont pas spécifiques à l'agroécologie) :

- On veillera à l'ensoleillement maximal des planches, car pour bien pousser, les légumes ont besoin *de soleil, de chaleur et d'eau.*
- Les arbres et les arbustes fruitiers seront donc plantés au Nord du jardin pour que leur ombre ne gêne pas les légumes.
- Dans les régions du Sud, selon le besoin, on plantera au contraire dans tout le jardin des arbres à fonction ombragère, répartis de façon homogène.
- En particulier au printemps, il est bon que la force des vents du Nord et de l'Est soit réduite, pour le jardin se réchauffe plus vite. Pour cela le rôle des haies n'est plus à démontrer : composez avec les essences de votre région une haie de basses-tiges et de hautes tiges, et quant à faire avec des cerisiers, des noyers, des châtaignier et d'autres nobles arbres. De plus, les feuilles tombant à l'automne constituent une autre source de matière organique pour assurer la fertilité du sol.

L'illustration 1 représente un petit jardin agroécologique d'une surface totale de 271 m². Il est composé de 5 planches de 7 × 1,20 m soit 42 m², de 2 zones tampons et d'une prairie de 126 m².

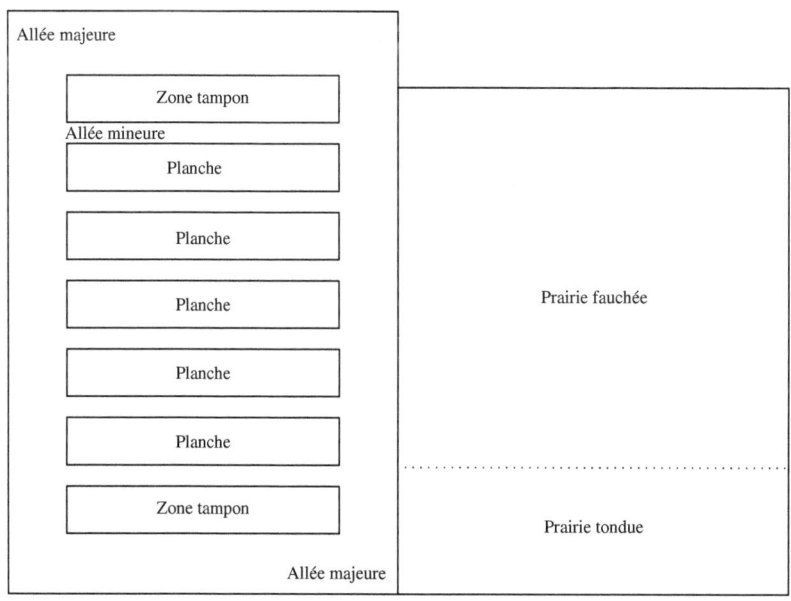

Illustration 1 : Exemple d'agencement des différentes parties d'un jardin agroécologique

>>> Pour délimiter les planches et les allées, n'hésitez pas à utiliser des décamètres et des cordeaux. À l'œil nu, les grandes distances et les angles sont souvent trompeurs ! Pour faire les angles droits d'un ensemble regroupant planches et allées, utilisez la règle du 3 – 4 – 5 (deux points situés de part et d'autre de l'angle à 3 et à 4 mètres, sont séparés de 5 mètres quand l'angle est droit). Vérifiez que les diagonales de l'ensemble ont la même longueur. Cette étape de la délimitation est plus longue qu'on ne pense si la surface totale des planches dépasse les 500 m². Prenez-le temps qu'il faut, car il est dommage de se retrouver avec une allée ne faisant que 20 centimètres de large !

2. CRÉER UN SOL POTAGER

Le sol d'un bon jardin n'est pas le même – vous vous en doutiez peut-être – que celui d'une prairie, d'une forêt ou d'un marais. Il faut aussi distinguer le sol du sous-sol. Ce dernier est complètement minéral et il peut être argileux, calcaire, granitique ou sableux. Le sol lui n'est jamais complètement minéral : quelle que soit la nature du sous-sol, le sol est constitué des particules minérales les plus fines (argiles, limons, sables) associées à de la matière vivante partiellement décomposées. Ces particules mixtes minéral-organique sont ce qu'on appelle *l'humus*.

Origine de l'humus

L'humus est formé naturellement par plusieurs processus simultanés et continuels :

- les racines et la pluie qui s'infiltre *fractionnent* la matière minérale ;
- les végétaux morts s'accumulent sur le sol (*matière organique* morte) ;
- les organismes vivant dans le sol (les collemboles, les champignons, les acariens et les bactéries, entre autres) fractionnent et consomment les feuilles et les racines mortes, et rejettent des excréments ;
- les vers de terre *amalgament* dans leur tube digestif les petites particules de matière minérale, de matière organique morte fractionnée et les excréments des autres petits habitants du sol. Ils rejettent un amalgame organo-minéral, qui lui aussi sera mélangé avec la matière organique fractionnée. Le tout forme ce qu'on appelle l'humus : une matière sombre, grumeleuse et légère.

Plus un sol contient d'humus, plus il est sombre, plus il est doux au toucher, plus il est léger.

Les qualités d'un sol riche en humus

Un sol riche en humus a plusieurs qualités très intéressantes pour l'agriculture comme pour le jardinage.

Il est aéré et léger

En le regardant bien, on y distingue les grumeaux d'humus, boulettes de 2 à 5 mm souples, marron-noir. C'est la preuve de la présence des vers de terre et autres habitants du sol. Ils parcourent le sol en tout sens pour y trouver leur subsistance ; ce faisant ils le remuent et ils le décompactent, permettant à l'air et à l'eau d'y rentrer. Il y a donc dans ce sol décompacté des vides, qui sont partiellement remplis d'air et d'eau, à la manière d'une éponge humide. C'est un environnement idéal pour le développement des racines : elles y trouvent à la fois de l'air et de l'eau. Au contraire, les racines s'asphyxient dans un sol tassé et engorgé.

Il est souple mais résistant

Quand il pleut fort, le sol ne se tasse pas, car les grumeaux d'humus ne se désagrègent pas et maintiennent la structure en éponge du sol. Quand un sol manque d'humus, quelle que soit la nature du sous-sol, à chaque pluie il « part » un peu en boue. Cette boue est constituée des argiles, des limons et des minéraux libres – quand l'humus les retient. Ces minéraux sont emportés vers les fossés et les rivières, avec les conséquences que l'on sait (engorgement et eutrophisation des cours d'eau). Puis, en séchant, le sol pauvre en humus devient compact et dur : les semis lèvent alors difficilement.

Il n'est ni trop sec ni trop mouillé

Avec sa structure aérée, le sol riche en humus se draine bien, mais retient tout de même une partie de l'eau ! Non pas comme le sable qui se draine très bien mais se dessèche aussi complètement. Un sol avec humus est idéal pour la croissance des plantes, car il dispose d'une réserve d'eau. Le dos du jardinier appréciera : ce sont autant d'arrosoirs en moins à transporter !

Il nourrit les plantes en permanence

Enfin, l'humus n'est pas éternel. Il se désagrège, mais progressivement, et donc il libère *progressivement* les minéraux qu'il contenait. Ainsi les plantes peuvent les assimiler à leur rythme. Un sol avec humus possède donc une réserve de minéraux pour les plantes, meilleure que s'il n'y avait que des minéraux sous forme ... minérale.[3]

Les caractéristiques d'un sol potager

Créer un sol potager implique donc de se fixer comme objectifs :

1. Un sol **riche en humus**, mais aussi
2. Un sol relativement **vide de racine**, pour que seules les racines des légumes s'y développent.
3. Et selon les caractéristiques de votre terrain, un sol **décompacté** (le sol peut avoir été tassé par le passage répété de personnes ou d'engins) et/ou **drainé** (le sol peut être engorgé d'eau en permanence).

Préparer le terrain

Avant toute action, un terrain engorgé doit d'abord être drainé. L'engorgement asphyxie les racines (hormis le riz, les variétés que l'on cultive généralement en France supportent mal d'avoir « les pieds dans l'eau »). L'engorgement réduit aussi l'activité des petits habitants du sol, donc la quantité

---

[3] Les minéraux seuls ne suffisent pas à la croissance des plantes, contrairement à ce qu'on peut apprendre à l'école. Seuls les lichens et les mousses peuvent pousser sur un sol exclusivement minéral.

d'humus. La matière organique morte n'étant pas décomposée par ces derniers, elle s'accumule et acidifie le sol (le cas extrême étant représenté par les tourbières). Je rappelle que les tourbières sont des espaces naturels protégés, et donc qu'il ne faut surtout pas vouloir y démarrer un jardin ! Bien plus fréquents sont les champs abandonnés, qui eux peuvent devenir l'objet de toutes vos attentions.

>>> Le plus simple sera d'entourer l'espace à cultiver de fossés d'au moins trente centimètres de profondeur. Vous aurez peut-être la chance de trouver d'anciens fossés ; il vous faudra les curer. Sinon, la location d'une pelleteuse peut être nécessaire pour en faire de nouveaux. Prenez alors soin de faire aboutir l'eau en un point à partir duquel elle pourra continuer à s'évacuer ! Pensez aussi qu'il vaut mieux un petit fossé bien entretenu plutôt qu'un grand fossé jamais curé.

L'entretien annuel des fossés dépend de la vigueur de la végétation spontanée. Pour ma part je les fauche en juin et en novembre, et je les cure en novembre, au râteau. Certains curent à la pelle, à vous de voir. Je procède de l'aval à l'amont, car il me semble qu'ainsi je parviens à mieux maintenir les pentes, qui sont très faibles.

Faucher les talus du fossé est parfois malaisé, et si vous avez de grandes longueurs de fossé, le volume de végétation fauchée devient considérable. De mon fossé de 120 mètres de long, je retire annuellement 5 m^3 de végétation. C'est beaucoup d'effort, qu'il faut valoriser au maximum : je composte donc toute cette végétation ![4] Certains optent pour l'entretien des fossés au rotofil : c'est trois fois plus rapide, mais il faut passer trois fois plus souvent, et c'est autant de compost en moins. Et, d'une certaine façon, le compost obtenu grâce à cette végétation montre bien que dans la Nature, il n'y a rien à

---

4 Le compostage permet d'obtenir de l'humus. C'est un processus qui dure entre 6 et 12 mois. Le compost sera ramené au sol du jardin au début du printemps. Il existe de nombreux ouvrages spécifiques pour apprendre à faire du compost.

perdre : comme le modeste brin d'herbe, le malheureux fossé, ce lieu de la dernière misère, servira quand même à nous nourrir !

Vous voilà averti : se lancer dans l'agroécologie, c'est rencontrer d'autres valeurs, bien éloignées des cultes modernes de la productivité et de l'apparence. Êtes-vous plutôt gazon bien tondu ou fond de fossé ? Vous hésitez entre l'un ou l'autre ? Rassurez-vous, l'un n'exclut pas l'autre. Je suis pour l'évolution plutôt que pour la révolution...

Faire un sol potager, pas à pas

\>>> Terrain tassé ou non, la méthode pour créer un sol potager à partir d'une prairie ou d'une zone broussailleuse est la même. Et pour démarrer d'une forêt me demanderez-vous ? Impossible : devenez forestier !

La méthode se déroule sur une voire deux années. Elle est résumée dans l'illustration 2 p.18.

1. En hiver, idéalement, sur vos planches délimitées, faucher toute la végétation ou tondre en mode mulching. Laisser sur place toutes les coupes.
2. Recouvrir pendant 5 mois d'une bâche noire, si possible perméable (bâche tissée traitée anti-UV, du même genre que celles utilisées pour couvrir les talus ou le sol des haies nouvelles afin d'éviter l'enherbement). En dessous de la bâche, les coupes, la végétation restante et les racines superficielles vont se décomposer. Vous allez voir la bâche « gonfler » avec la végétation qui essaie de repousser au printemps. Puis elle s'aplatira après 2-3 mois.
3. Enlever la bâche début juin. À l'aide d'un râteau, écarter les restes secs de végétation. À l'aide d'une griffe (un outil à quatre dents recourbées, avec un manche de 1,5 m), gratter le sol. Vous devriez avoir 2 à 5 cm de terre grume-

leuse – maintenant vous savez d'où viennent ces grumeaux et ce qu'ils sont.
4. Cette faible épaisseur de terre suffit déjà pour semer un engrais vert, idéalement de la phacélie. J'ai fait l'expérience que la phacélie (et la moutarde blanche) étouffent bien les herbes et les mauvaises herbes, au niveau racinaire comme aérien. Elles rendent la planche « propre » (c'est-à-dire qu'il y a peu d'adventices). Les racines de la phacélie vont également ameublir le sol. Respectez les doses de semis indiquées sur les paquets : si vous semez trop dense, les racines ne se développeront pas assez et auront moins d'efficacité. Recouvrez les graines semées avec les restes de végétation sèche et avec du foin ou de la paille (environ 5 cm d'épaisseur). La phacélie va lever au travers.
5. En août la phacélie sera en fleur. Avant que ses graines ne soient arrivées à maturité (hampes florales sèches), fauchez-la complètement.
6. Écartez cette végétation fauchée, répandez de la tonte (environ un bac de tondeuse, 10 kg, pour 8 m²) et mélangez-la à la terre avec une griffe.
7. Faites un second semi d'engrais vert, idéalement de la moutarde blanche, qui résistera aux gelées.
8. Recouvrez comme précédemment le semis avec la phacélie fauchée. La moutarde va lever au travers.
9. En décembre, fauchez la moutarde, écartez-la, répandez à nouveau autant de tonte, recouvrez avec la moutarde fauchée et encore par-dessus avec 5-10 cm de foin.
10. En février, recouvrez le tout d'une bâche noire perméable.
11. En mai-juin retirez la bâche, griffez ou passez le motoculteur. Si la terre était compacte, passez d'abord la grelinette pour la décompacter, puis le motoculteur.

Voilà, vous devriez avoir une terre apte à recevoir des plantes légumières. Elle est riche en humus, qui se sera formé à partir des parties aériennes de la végétation fauchée et laissée sur place, ainsi qu'à partir des racines mortes de la végétation originelle et des engrais verts. Toute cette matière végétale se sera décomposée et aura été amalgamée avec les argiles et les limons sous forme d'humus. La terre est propre et vide de racines. Les taupins auront fui naturellement vers les allées enherbées, préférant les racines d'herbe à celles des engrais verts. Vers de terre et taupes auront également aéré et décompacté la terre (et, par leurs galeries, évité son engorgement en hiver).

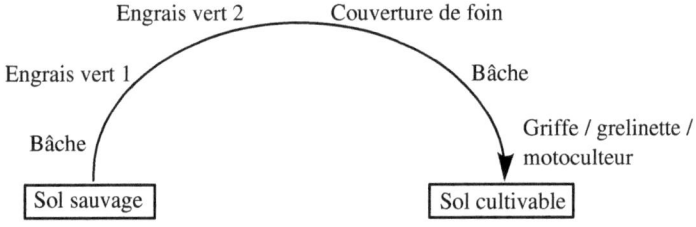

Illustration 2 : Les principales étapes de la domestication d'un sol

Là où le sol de mon terrain était le plus pauvre et le moins épais (argile cailouteux à -20 cm, argile pure à -40 cm), il m'a fallu répéter cette méthode deux années de suite pour obtenir une terre assez souple et aérée.

>>> Avant de procéder avec cette méthode agroécologique, il faudra acquérir autant de bâches noires que nécessaires pour couvrir toute la surface des planches, ainsi que des agrafes métalliques pour les fixer ! C'est un investissement raisonnable, car ainsi utilisés (c'est-à-dire uniquement quelques mois par an) ces outils se conservent de nombreuses années. C'est aussi un investissement indispensable, car ils serviront par la suite chaque année.

Comparaisons

Une voire deux années, est-ce vraiment si long pour obtenir une terre fertile ? Certains trouveraient cela trop long, car pendant ces deux années, il faut s'occuper de la terre quand bien même elle ne livre aucun légume.

Comparons avec le maraîchage conventionnel. Il est d'usage de faire au printemps un labour et un affinage à la herse. Cela transforme une prairie en un après-midi, et permet de planter ou de semer dès le lendemain.

Comparons avec le jardinage traditionnel. Soit on prend la houe pour décaper la couche d'herbe et on retourne la terre à la bêche. Soit on retourne la terre sans enlever l'herbe, qui se retrouve enfouie. Soit, pour éviter de retourner le sol et risquer de faire remonter des argiles collantes, après avoir décapé l'herbe on passe la grelinette. Elle est plus ergonomique que la bêche, mais elle requiert tout de même de la force. C'est qu'avec elle, on découvre une autre fonction des racines : maintenir la cohésion de la terre. La grelinette soulève non pas de la belle terre qu'on imaginait pouvoir égrainer comme des grains de semoule ou comme au sortir du sac de terreau, mais des blocs rectangulaires de terre enserrée dans des racines, et qui avoisinent les 10 kg ! Que ce soit en bêchant ou après la grelinette, après il faut encore casser les mottes au croc. Le bêchage est une pratique éreintante, je parle par expérience[5]. Chapeau bas pour les jardiniers traditionnels qui font ainsi 100 m² de jardin voire plus !

Je vois les avantages suivants en faveur de la méthode agroécologique. D'abord, constatant à quel point le travail avec la grelinette demeure physique, je n'ai préparé ainsi

---

5 En 2004, en bon néophyte qui à l'époque ignorait tout du jardinage alternatif, j'avais préparé ainsi une vingtaine de m². Aïe le dos ! Le bêchage est quasiment un réflexe culturel, et j'avais accepté de bonne grâce ces douleurs lombaires. Aujourd'hui, il faut faire savoir que d'autres méthodes existent. Sauvons les lombaires de France !

qu'une seule planche ! Il n'aurait pas été raisonnable de s'acharner à préparer avec cette méthode les 900 m² prévus de surface cultivable. Ensuite, le labour, le bêchage ou la grelinette permettent certes de prendre rapidement la terre en main, mais par la suite la quantité de travail hebdomadaire est augmentée : ces méthodes n'éradiquent pas les taupins et n'empêchent pas la repousse de l'herbe et des adventices. D'où les nombreux jardiniers et maraîchers traditionnels que l'on voit sarcler abondamment les premières années, et qui pendant trois ans craignent les taupins.

La méthode agroécologique requiert moins d'effort physique, elle ne nécessite pas de mécanisation lourde (objectif d'autonomie), sans les tuer elle fait fuir les taupins (objectif de respect des processus naturels), et elle apprend à ralentir, à aller vers le rythme de la nature (objectif de sérénité du jardinier). Pensez-y : pour nous êtres humains, une année c'est beaucoup, mais pour un sol, une année ce n'est qu'une journée. Les jardiniers sont toujours jeunes !

Cette comparaison avec les pratiques traditionnelles fait ressortir la qualité *alternative* de l'agroécologie. Les jardiniers ont maintenant le *choix* des méthodes, car ces méthodes (traditionnelle et agroécologique) fonctionnent toutes les deux – choisir entre une méthode efficace et une autre incertaine n'étant pas un véritable choix. C'est là une évolution plutôt qu'une révolution. Révolution agroécologique qui aurait promu quelle morale d'ailleurs ? Que le jardinage traditionnel est plein d'erreurs ? Non, on ne peut pas penser ainsi. Quasiment tous nos ancêtres se sont nourris des fruits de ce jardinage[6], et aujourd'hui nous sommes là. Il fonctionne, les légumes sont sains et nourrissants. Pour l'instant, restons avec cette idée de l'égalité des résultats. Les comparaisons ultérieures nous permettront d'affiner.

---

6 L'usage des pesticides relève d'un autre débat, que nous n'aborderons pas ici.

3. CYCLE DE CULTURE DES PLANTES ANNUELLES

La majorité des légumes cultivés sont des plantes bisannuelles. Mais, hormis pour la production de semences, la seconde année n'est pas réalisée parce qu'il n'y a montée en graine. On leur fait donc suivre un cycle de culture sur une année, typiquement du printemps à l'automne. Nous allons voir qu'en agroécologie, si une culture n'occupe le terrain que de mai à septembre, il est pourtant nécessaire de prendre soin de la terre tout au long de l'année.

Penser *l'avant* et *l'après*

Posons la question fatidique : « Pourquoi le jardinage est-il souvent qualifié de pratique d'amateur ? » Une des raisons en est l'absence de *gestion du sol avant et après la culture*. Ne voit-on pas en effet bien des jardins traditionnels au sol abandonné et laissé à nu en hiver, envahis de mauvaises herbes, et repris en main uniquement avant les semis, au prix d'un éreintant bêchage ? Sous l'action du vent et de la pluie, le sol nu s'est déstructuré : il est devenu boueux et compact, ce qui oblige à bêcher pour enterrer les mauvaises herbes et à casser les mottes pour l'assouplir et l'aérer. Nous allons voir que l'on peut éviter ces travaux, en protégeant le sol des intempéries et en le nourrissant avant et après les cultures.

Gérer l'*avant-culture* et l'*après-culture* ne sont pas des évidences pour nombre de jardiniers. Pourquoi ? La tradition l'explique en partie : de l'automne au printemps on dit qu'on laisse la terre « se reposer ». Aussi, les températures ne s'y prêtant pas, on ne voit pas l'intérêt de toucher au sol. Il y a du bon sens dans ces traditions. Mais cela ne signifie pas pour autant qu'on ne peut ni ne doit rien faire. Il y a à faire, mais il faudra, un peu, cogiter et se relever les manches.

Penser *le pendant*

Pour le néophyte, gérer le sol en cours de culture paraît évident : ce sont les traditionnels binages, sarclages et désherbages, bien connus pour leur pénibilité ! La terre n'est plus au repos, elle travaille ! Cette tradition est pleine de bon sens :

- Sarcler permet de casser la croûte de battance, couche superficielle de terre durcie qui se forme après les pluies. Et comme le dit le proverbe, « un binage vaut deux arrosages ». Car en cassant cette croûte, on réduit l'évaporation, donc l'assèchement du sol.
- En binant on aère le sol, ce qui minéralise le fumier (que l'on aura enfoui pendant le bêchage). C'est-à-dire qu'on active sa décomposition en minéraux, que les plantes vont alors pouvoir mieux consommer.
- En binant on casse les mauvaises herbes au stade de plantule.
- Et toujours en binant, on peut en profiter pour butter les légumes qui en ont besoin.

Pour ma part, avec 900 m², je considère que biner toutes les deux ou trois semaines est trop éreintant et trop consommateur de temps. Ce sont aussi autant de gestes qui peuvent blesser le légume. Enfin, cela implique de laisser en permanence la terre nue, ce qui nuit à la formation d'humus.

De quoi a-t-on besoin pour cultiver ?

Pour une culture annuelle de mai à août (du chou d'été par exemple), il faut s'assurer qu'avant le semis ou la plantation, la terre a acquis toutes les qualités nécessaires (beaucoup d'humus, présence des petits habitants du sol, peu d'adventices). Après la récolte, il faut s'assurer que la terre d'une part retrouve de la matière organique pour compenser celle qui a été exportée (la récolte) et pour reformer le stock d'humus.

D'autre part il faut veiller à ce que les mauvaises herbes ne se développent pas jusqu'au printemps suivant.

Nous n'allons pas traiter ici des soins spécifiques à apporter à chaque espèce cultivée (fréquence des arrosages, tailles...) Il existe pour cela un vaste choix de guides des espèces[7]. Nous allons nous concentrer sur la méthode agroécologique, qui est une succession de tâches à faire tout au long d'une année, pour s'assurer que le stock d'humus du sol ne s'épuise pas. Nous verrons qu'il faut tout autant veiller à ramener de la matière organique au sol que veiller à ce que les processus naturels de transformation de cette matière organique en humus ne soient pas stoppés. Si le sol s'assèche, s'il surchauffe, s'il gèle, la formation d'humus est interrompue parce que les organismes du sol sont gênés.

La méthode agroécologique que je vous propose (mais qui n'est pas universelle, nous reviendrons sur la question de la généralisation par la suite), sert à ramener de la matière organique au sol, à le protéger des excès climatiques, à maintenir la formation d'humus et dans le même temps à éviter l'envahissement par les adventices. Bref, je vous propose de voir un cycle complet avant-culture, culture et après-culture mené de façon agroécologique. Commençons en automne.

Automne 1

La récolte est terminée. Enlevez les restes de culture et portez-les au composteur. Répandez de la tonte à raison d'un bac de tondeuse (environ 10 kg) pour 10 m². Si vous en avez, répandez des copeaux de bois brut et/ou du BRF (bois raméal fragmenté)[8], à raison d'une brouette pour 20 m². Faîtes un paillage avec dix bons centimètres de foin (de la fauche d'au-

---

7 Guides Terre Vivant par exemple.
8 Foin, tonte et compost sont essentiels, les autres matières sont optionnelles. Mais si vous avez ces matières gratuitement et sans efforts de déplacement, il est inutile d'aller les jeter à la déchetterie. Autant les valoriser dans votre jardin !

tomne). *J'utilise le terme de paillage indifféremment pour de la vraie paille ou pour du foin !* Comme le foin ne sert pas de fourrage aux animaux, il n'est pas nécessaire de le faire sécher sur la prairie. Au contraire, frais il s'étale mieux entre les rangs de légumes. Arrosez le paillage de purin (extrait fermenté d'ortie ou de consoude) dilué à 10 % (1 L de purin dans 10 L d'eau). Les bactéries contenues dans le purin vont aider à la décomposition de la tonte et du foin (les champignons du sol assureront la décomposition des copeaux et du BRF).

Hiver

En février ou mars, au moins deux mois et demi avant l'utilisation de la terre pour les semis ou les plantations, recouvrez d'une bâche noire perméable (la même qui aura servi pour rendre le sol cultivable). C'est essentiel : la couverture de foin n'est pas assez épaisse pour empêcher totalement la levée des mauvaises herbes.

Le sol est protégé contre le gel grâce à la couverture de foin et à la bâche (qui le réchauffe en captant, par sa couleur, les rayons solaires). Ainsi, les organismes du sol peuvent rester plus actifs que dans une terre nue et exposée au froid de l'hiver. Ils vont donc continuer à transformer la matière organique (la tonte et le foin) en humus. Le foin et la tonte seront presque entièrement décomposés quand vous enlèverez la bâche deux mois et demi plus tard, preuve que la bâche ne « tue » pas la vie du sol[9]. L'humus sera disponible pour les cultures dès le printemps.

Avec des allées enherbées, on peut se demander comment maintenir « propre » le bord des planches. L'herbe n'envahit-elle pas les planches à partir des allées ? L'expérience montre que non : la bâche maintient très efficacement les dimensions de la planche.

---

9 Ce qui se produit effectivement quand on laisse une bâche en place pendant une voire plusieurs années.

Printemps

Début mai

Au printemps, quelques jours avant de semer ou de planter, il faut enlever la bâche et nourrir à nouveau le sol. Une fois la bâche enlevée, coupez l'herbe des bords à la faucille, tout simplement. Vous pourrez constater que la délimitation de la planche est nette. Ensuite, apportez au sol les éléments suivants, par ordre d'importance : tonte (même quantité que précédemment), compost (une brouette pour 20 m²), copeaux de bois (même quantité que précédemment), cendres (un seau pour 20 m²). Passez la griffe pour les incorporer à la terre (faites un mouvement léger et rapide en tirant et soulevant vers vous). La terre, normalement grumeleuse, doit s'émietter facilement. Si la terre est trop compacte et rend le travail à la griffe trop difficile ou trop superficiel, il faut passer la grelinette pour décompacter (ce faisant les éléments ajoutés seront incorporés), puis le motoculteur. Rassurez-vous, le passage de la grelinette est maintenant bien plus facile que lors de la première prise en main du sol. Pour ma part, à partir de la quatrième année (une année de prise en main et deux de culture), il ne m'est plus nécessaire de passer la grelinette, quand bien même le sous-sol est très argileux et que le sol, selon les critères traditionnels, devrait être très lourd et compact. Je suis très satisfait de ce résultat, même si mon expérience se résume à ces trois seules années.

Pour de grandes surfaces, même le passage manuel de la griffe devient trop éreintant. Il faut alors utiliser le motoculteur. Pour éviter qu'il ne bourre, utilisez moitié moins de tonte.

Mi-mai

À la mi-mai, le moment est venu de planter. Jusqu'à la mi-juin, les limaces sont en général très actives[10]. Si vous avez déjà fauché, il faut donc éviter d'étaler du foin entre les rangs des jeunes légumes, ce qui leur fournirait autant de repaires. Le sol reste à nu, mais au maximum jusqu'à la mi-juin. Ce n'est pas assez long pour l'amener à surchauffer et stopper la formation d'humus. Au contraire, l'exposition directe au soleil aide à le réchauffer sans pour autant surchauffer (c'est-à-dire dépasser les 22 °C, température à partir de laquelle les collemboles et les acariens du sol cherchent la fuite vers les profondeurs). Cependant, si votre terre est très sableuse et se réchauffe vite, et que les limaces n'abondent pas, vous pouvez pailler dès la mi-mai.

Juin

À partir de juin, une fois les plants assez grands (au moins 5 cm), vous pouvez commencer à les pailler. Tout le foin de la prairie fauché fin mai-début juin sert à faire ce paillage essentiel : il évitera au sol de surchauffer et de s'assécher au cours de l'été. Le paillage sera progressivement décomposé par en dessous par les petits habitants du sol et sera transformé en humus. Il évitera au sol l'érosion due au vent et à la pluie. Il réduira la pousse des adventices et la repousse de l'herbe à partir des allées. Résultat : un sol riche en humus, ni trop chaud ni trop froid, ni trop mouillé ni trop sec. Les cultures vous le rendront bien avec une croissance régulière et des légumes goûtus.

N'utilisez pas tout le foin en une seule fois. Un mois après, un second paillage peut s'avérer nécessaire pour les plants

---

10 Ces dates varient selon votre latitude et selon la nature de votre sous-sol. Les terres légères (sableuses et limoneuses) « démarrent » plus rapidement que les terres lourdes (argileuses). Et les pics d'activité des limaces épousent ces dates.

très espacés, les choux par exemple. Si vous ne plantez qu'en juillet, vous pouvez pailler la planche en juin. Pour y planter, on pourra écarter à la main le paillage pour chaque plante. Pour les planches de plus de dix mètres de longueur, c'est fastidieux. Lors du paillage, laissez donc un sillon de dix centimètres de large (à l'aide de planches de bois ou de vieilles gouttières) et, en attente de la plantation, mettez-y de la tonte. Lors de la plantation, pensez également à mettre de la tonte pour recouvrir les espaces entre les plants.

Le paillage

Attardons-nous un instant sur le paillage. Le paillage : simple à dire, simple à mettre en place, mais simple à accepter ? Comme l'écrivait Masanobu Fukuoka[11], épandre de la paille (ou du foin) n'est pas une évidence. Traditionnellement, c'est considéré comme un gaspillage que de laisser la paille ou le foin s'abîmer sur le sol quand on peut nourrir des animaux avec. Aussi, l'ère hygiéniste, qui caractérise notre modernité, incurve les esprits à penser que tout ce qui est en état de décomposition est malsain. La pourriture du foin va se communiquer aux légumes, pense-t-on. En élevage bovin, l'introduction dans les années 1950 de la méthode du maïs-ensilage, un maïs que l'on laisse fermenter et avec lequel on nourrit les animaux, ne fût pas acceptée sans réticence. Par bon sens, car par le passé nourrir les animaux avec du foin ou de la paille pourrie, c'était les rendre malades.

Les faits me montrent que le paillage n'abîme pas les légumes, si ce n'est les feuilles les plus basses des salades. La partie supérieure du paillage sèche en fait rapidement. Le paillage d'automne, bien qu'effectivement toujours humide, ne gêne pas les plants d'hiver (rutabagas, choux, scaroles).

---

11 Masanobu FUKUOKA, *La révolution d'un seul brin de paille : une introduction à l'agriculture sauvage*, Guy Trédaniel, 2005.

On pourrait aussi craindre que le vent ne l'emporte. Il n'en est rien, il tient en fait très bien au sol, même lors des tempêtes.

Le paillage fait-il proliférer les campagnols ?

Quand ils sont nombreux, les campagnols détruisent quasiment toutes les récoltes de légumes racine. En 2014 j'ai ainsi perdu 100 % des carottes et panais, 60 % des céleris raves, poireaux, poirées, betteraves, et 25 % des pommes de terre. Leur prolifération est simple à expliquer : de nos jours, ils n'ont plus de prédateurs naturels. Les serpents, les buses, les chouettes, les renards, les fouines ont en général irrémédiablement disparu des abords des villes et des villages.

Le lien entre les campagnols et le paillage est celui-ci, qui n'est pas un lien de cause à effet comme on le pense souvent. Tout simplement, une fois le paillage étalé, on n'a plus besoin de biner, donc on ne remue plus le sol, donc on ne casse plus les galeries des campagnols. Même si l'on griffe le sol au printemps ou si l'on y passe la grelinette, si par la suite on ne remue plus le sol régulièrement, les campagnols vont refaire leurs galeries. J'ai fait le constat que, trois jours après avoir passé le motoculteur, une galerie nouvellement creusée traversait une planche dans sa largeur (1m20) !

D'où viennent les campagnols ? Étant donné que les planches sont permanentes, les allées le sont aussi, et le sol des allées n'est jamais bêché. Les campagnols peuvent alors y faire des galeries pérennes. En marchant sur vos allées durant les mois pluvieux d'hiver, vous constaterez de petits effondrements linéaires du sol (de 5 à 10 cm de profondeur). Ce sont là les galeries des campagnols qui s'affaissent, simplement de par vos pas sur la terre molle. Les allées étant en continuité avec la prairie, les campagnols peuvent affluer sans restriction de la prairie vers les planches. L'association prairie – planches permanentes – allées permanentes permet aux campagnols de se déplacer sans contrainte dans tout le jardin agroécologique ! Même sans paillage, si la terre n'est pas remuée, les campagnols y feront des galeries et boulotteront les légumes racine.

>>> Comment donc éviter les ravages des campagnols ? La réponse est simple : en travaillant le sol. Le paillage, de par sa structure *filaire*, empêche d'enfoncer un outil fin dans le sol et de le traîner. Les planches de légumes racine ne doivent donc pas être paillées mais **mulchées** : on recouvre le sol de un à deux centimètres de tonte. La tonte est *particulaire*, elle se défait au passage de l'outil : un croc à une dent ou une binette longue, sont bien adaptés pour casser les galeries. Il faut passer l'outil entre les rangs. La tonte, séchée, est ainsi incorporée à la terre et sera transformée en humus. Après avoir passé le croc, il faut répandre à nouveau de la tonte. L'opération est à renouveler toutes les deux semaines.

La limite de cette technique est qu'il n'est plus possible de passer le croc quand le feuillage des cultures s'épanouit. D'après mon expérience, il semble que les passages répétés de l'outil découragent quand même les campagnols de recreuser les galeries. Ainsi, en 2015 ils n'ont pas touché à mes légumes racine.

Les planches travaillées de cette façon sont plus sèches que celles paillées, la tonte protégeant moins le sol des rayons du soleil d'été. Il faut donc arroser dès que nécessaire.

>>> Si malgré cela des légumes devaient disparaître sous la dent des campagnols, en particulier quand les tubercules arrivent à maturité, il faut piéger. Soulevez le légume qui aura été boulotté par en dessous : la galerie est juste là. Placez une petite tapette à souris, appâtée avec un reste du légume attaqué, et recouvrez le tout d'un pot pour que la lumière ne rentre pas dans la galerie. En procédant ainsi, en 2014 j'ai attrapé jusqu'à quatre campagnols par 24 heures à la même sortie de galerie !

Le paillage et les oiseaux

Un ami, en visite dans mon jardin, était étonné que le paillage reste ainsi sur le sol, intact. Il m'expliquait qu'il s'efforçait de pailler, mais que les nombreux merles retournaient et écartaient sans cesse le paillage, malgré sa présence dans le jardin et celle de ses chats. Les plants se retrouvaient ensevelis sous le paillage, ce qui engendrait un surplus de travail pour les dégager. Les effaroucheurs à oiseaux étaient également inefficaces.

Aura-t-il suffi d'un bec de merle pour que la belle méthode agroécologique s'effondre ? J'admets que j'ignore comment réguler le nombre de merles. Leur présence importante s'explique par les nombreux arbres qui entourent son jardin. Comme tout animal en trop grand nombre, il devient nuisible[12] ! Pour autant, je ne puis admettre que les chasser à la carabine ou abattre les arbres soit une solution. Mon terrain est, il est vrai, entouré d'assez peu d'arbres, et il est battu par le vent. Les merles apprécient les sous-bois paisibles et ombragés, et il est donc aussi possible que trop d'arbres nuisent au jardinage, tout simplement.

Je fais partie de ceux qui pensent que le jardin idéal n'existe pas. Le jardinage, quand bien même on le veut aussi naturel que possible, n'est pas un processus naturel. Tout jardin, où qu'il soit, est soumis à la rigueur des lois naturelles, qui elles-mêmes sont déterminées par les caractéristiques dominantes des espaces naturels qui environnent le jardin. Selon que votre jardin est proche de la forêt, de milieux dunaires, de rivières, de marais, de landes, de grandes cultures céréalières, de vergers, ou d'une autoroute, d'une ville, d'une zone industrielle, il n'aura pas les mêmes points forts et les

---

12 N'oublions pas que le merle est un oiseau particulièrement robuste et actif, qui parvient à vivre même dans les zones urbaines les plus ingrates.

mêmes points faibles. Le jardin s'inscrit dans un tout, et le jardin à lui seul ne peut pas modifier ce tout.

>>> Si donc les oiseaux vous interdisent tout paillage, alors ne paillez pas. Votre jardin n'est-il pas entouré d'arbres ? Donc il est moins caniculaire que le mien en plein été. Pour nourrir le sol, il vous faudra privilégier le compost. Pas de paillage en automne ? Une autre solution existe, nous verrons cela plus loin.

Été

En été, le paillage couvre le sol. Cela évite qu'il ne s'échauffe à plus de 22 °C, ce qui nuirait aux organismes du sol. Le paillage aide à retenir l'eau, en réduisant son évaporation. Cela permet donc de réduire l'arrosage, qui devient même inutile pour les crucifères. Le paillage protège le sol de la force de la pluie, qui sinon tendrait après plusieurs averses d'été à liquéfier la couche la plus superficielle du sol. Celle-ci se solidifierait en séchant, formant la fameuse croûte de battance avec son effet de capillarité qui active l'évaporation. Ce phénomène est une des raisons pour laquelle les jardiniers traditionnels doivent biner régulièrement : en plus de sarcler les mauvaises herbes, biner sert à casser cette « croûte de battance » et donc à éviter l'évaporation. Mais faucher et étaler le foin est, selon moi, toujours plus facile et plus confortable pour le dos que de biner.

>>> Des mauvaises herbes parviendront quand même à passer à travers le paillage, je ne vais pas vous mentir. Mais la terre restant humide en dessous, il est facile de les arracher, même les *Rhumex*. Il faut les laisser sur place, sur le paillage même : ainsi elles viennent renouveler le paillage et l'on fait d'une pierre deux coups. Au cours de l'été, on coupe au moins deux fois, à la faucille, l'herbe du bord des planches qui pousse à partir des allées, et on la laisse aussi sur le paillage. Pour les planches mulchées, on passe régulièrement le croc et

on rapporte de la tonte à chaque fois. Notez que les poireaux aussi ne peuvent pas être paillés, car il faut les buter si vous voulez les voir grossir. Ils seront donc mulchés.

Automne 2

En automne, le paillage de printemps se sera décomposé par en dessous.

➤➤➤ Pour le renouveler, on procède comme expliqué à l'automne 1. Si la culture se termine en août et qu'on ne met pas de culture d'hiver, il est avantageux de semer un engrais vert qui résiste aux gelées, de la moutarde par exemple. Pour les jardins souffrant d'un excès de merles, et pour lesquels une prairie à foin serait inutile, c'est cette méthode que l'on utilisera. Si l'hiver ne le fait pas geler et faner, l'engrais vert sera fauché et laissé sur place, avant de dérouler les bâches noires par-dessus. Si l'on dispose encore de foin, on l'étalera sur l'engrais vert fauché avant de dérouler la bâche.

Pour les cultures restant en place durant l'hiver, il faudra pailler ou apporter de la tonte à nouveau. Notez que les poireaux ayant été butés plusieurs fois, on peut maintenant se permettre de les pailler – sauf si les campagnols sont voraces, en quel cas il faut continuer à passer le croc et, surtout, à piéger.

Cycle de culture des pommes de terre

Pour les pommes de terre, la méthode est légèrement différente : j'utilise une variante de la méthode pommes de terre – paille. En hiver je ne bâche pas les planches. Herbes et mauvaises herbes poussent. À la mi-mars, je les fauche. J'ouvre au centre de la planche, à la pioche la première année, à la griffe les années suivantes, une tranchée de 10 à 15 cm de profondeur. J'y répands au fond tonte, copeaux et compost, pour former un « lit » de 2 à 3 cm d'épaisseur. Je mets dessus les pommes de terre avec un espacement de 25 cm. Je les recouvre avec la terre écartée pour faire la tranchée, puis avec de la tonte et du foin de l'automne précédent (gardé au sec). Quand les germes pointent à travers le foin, je ré-étale une couche de 10 cm de foin de printemps. À la mi-juillet la récolte peut commencer. En automne je répands tonte et copeaux au centre de la planche, et recouvre avec du foin.

Seul le centre de la planche étant cultivé, l'herbe pousse vigoureusement de part et d'autre, car elle profite de l'humus présent dans la partie centrale ainsi que dans le sol des allées. Cette production d'herbe est donc importante et permet de réduire notablement la quantité de foin nécessaire en provenance de la prairie.

L'avantage de cette méthode est sa rapidité et le peu d'effort requis. La récolte est facile et se fait à mains nues, sans outil ! Les deux premières années, les pommes de terre étaient un peu attaquées par les taupins, la troisième année plus du tout. Par contre, jusqu'à présent, chaque année les campagnols endommageaient environ un quart de la production. Je fais contre mauvaise fortune bon cœur, d'une part parce que, au vu du temps minime consacré à cette culture, j'obtiens un rendement correct de 3 kg au mètre linéaire. Et les pommes de terre endommagées ne sont pas toutes perdues : les moins grignotées servent de semis pour l'année suivante.

En résumé

Quelle que soit la saison, l'important est de s'assurer que le sol dispose de matière organique pour maintenir son stock d'humus, et qu'il est protégé autant que possible des extrêmes climatiques.

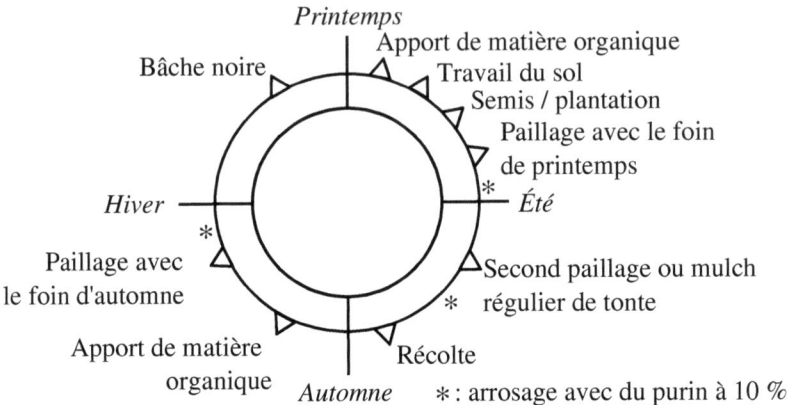

Illustration 3 : Les principales actions avant, pendant et après les cultures annuelles.
Le purin stimule la transformation du paillage en humus.

Créer un sol cultivable apte à recevoir des cultures, et s'occuper du sol tout au long d'une année de culture, sont des méthodes qui ont les mêmes objectifs : **augmenter la teneur en humus du sol, tout en le protégeant et en le rendant complètement disponible pour les cultures**. La conséquence très appréciable de ces méthodes est que le travail du sol, tâche nécessairement physique, est réduit au minimum : à la troisième année, au printemps un passage à la griffe suffira pour décompacter la terre (ou au motoculteur, si la surface cultivée est importante). Le jardinage agroécologique rompt avec le dur labeur du bêchage traditionnel. Il rompt aussi avec les binages en cours de culture, car le paillage évite l'excès de mauvaises herbes : là aussi c'est autant de temps et d'efforts qui peuvent être mis à bon escient pour d'autres tâches, notamment pour les semis et les récoltes.

Les campagnols, suite et fin

À partir du mois de mars, les planches sont bâchées. On entend, sous les bâches, des petits craquements. On entend que ça fouine et que ça grignote. Voilà les campagnols en plein repas ! Cela se produit immanquablement si l'on oublie sur les planches des restes de culture dont ils peuvent se nourrir (c'est-à-dire tous les restes de légumes racines et de gousses de haricots). Je parle par expérience : j'avais laissé sur le paillage, fin octobre, des céleris rave petits, mal formés et grignotés par les limaces. Ils n'ont pas été grignotés jusqu'à début mars. Début mars j'étale la bâche noire, et une semaine après j'entends, en plein jour, les campagnols les grignoter. Ils sont, hélas, hors de portée des griffes de mon chat. Ce repas de fin d'hiver va leur permettre de faire de belles portées au printemps, ce qui est gênant. Prenez donc bien soin de ne pas laisser de restes de culture sous les bâches.

Rien n'est tout noir ou tout blanc. Malgré leur appétit dommageable, les campagnols ont un effet positif, et pour cela ils méritent quand même un petit « merci ». En hiver, leurs galeries aident à drainer le sol, ce qui évite la stagnation de l'eau, ce qui serait néfaste pour les verres de terre et les autres micro-organismes du sol, ce qui in fine stopperait la formation d'humus.

Et les légumes gourmands ?

Les crucifères, que l'on considère traditionnellement comme des légumes exigeants, poussent très bien avec un sol géré de façon agroécologique. Les légumes les plus exigeants que sont les tomates et les courges ne poussent pas bien.

Considérons tout d'abord les tomates. En Normandie, il est impossible de cultiver des tomates de façon agroécologique. Les pluies et l'humidité nocturne étant élevées, le mois de juillet étant souvent frais, il faut donc les cultiver sous serre.

Or l'agroécologie, du moins la conception que j'en ai, s'arrête à la porte de la serre. Tout légume de serre pousse non pas au rythme qu'il souhaite mais au rythme qu'on lui impose : il est totalement dépendant du rythme d'arrosage et de la ventilation de la serre. De facto on se détache donc de l'objectif agroécologique de pas intervenir directement sur les plantes et de les laisser pousser à leur rythme.

>>> Dans ma serre à tomate, j'apporte au printemps du fumier et je le recouvre de foin par la suite.

Quant aux courges et aux potirons, j'utilise aussi du fumier. J'ai fait des essais sans fumier : les plants demeurent chétifs et ne font pas de fruit. J'étale donc du fumier au printemps ou à l'automne, sans l'enfouir, et je le recouvre de foin par la suite.

4. CYCLE DE CULTURE DES PLANTES VIVACES

Généralités

Les plantes vivaces sont les plantes qui vivent plusieurs années au même endroit. Je vous propose de les classer en trois catégories :

1. Les petites vivaces : les fraisiers.
2. Les grandes vivaces non ligneuses (qui ne font pas de bois) : artichaut et rhubarbe.
3. Les grandes vivaces ligneuses : c'est-à-dire les petits fruitiers cassis, groseilles, mûres et framboises.

À ma connaissance, l'approche agroécologique ne s'étend pas à la troisième catégorie, celle des petits fruitiers.

>>> Je ne peux qu'émettre des recommandations de bon sens : ne pas travailler le sol afin de ne pas abîmer les racines et tondre autour des arbustes toujours en mode mulching, ce qui enrichira le sol et profitera aux petits fruitiers. Arroser au pied avec du purin d'ortie à 10 %. On peut pailler le sol, mais auparavant il faudra le recouvrir d'une bâche noire au moins trois mois, pour réduire les mauvaises herbes qui sinon perceront en trop grand nombre à travers le paillage.

Bien-sûr, il ne faut pas recouvrir le sol en permanence avec une bâche comme on le voit trop souvent. Cela semble une solution facile pour éviter l'envahissement par les herbes, mais en dessous de la bâche, après quelques mois le sol se tasse, les racines ne trouvent plus assez d'oxygène et, une fois le stock d'humus consommé, le sol n'est plus nutritif. Donc s'il faut absolument bâcher, assurez-vous de pouvoir soulever facilement la bâche au printemps et à l'automne, pour étaler en dessous de la tonte, du foin ou du compost. Il n'y a pas de mystère : pour avoir des récoltes régulières, le sol doit être nourri régulièrement.

Voyons maintenant comment, pour les deux premières catégories de vivaces, procéder de façon agroécologique. Les deux objectifs sont d'éviter l'envahissement par les mauvaises herbes et de pouvoir facilement nourrir le sol tout au long de l'année.

Les fraisiers

C'est un lieu commun que les planches de fraisiers des jardins de nos grand-parents procuraient des fraises délicieuses, mais qui se payaient par un désherbage manuel laborieux. Bien-sûr, on ne peut pas recouvrir les fraisiers d'une bâche noire, ne serait-ce que 6 à 8 semaines, dans l'espoir que cela tuerait uniquement les mauvaises herbes et non les fraisiers. Même si cela fonctionnait, les mauvaises herbes repousseraient tout aussi vite.

La méthode commune

Communément, jardiniers et maraîchers amènent au sol du fumier, le recouvrent de bâche noire perméable, font dans celle-ci des ouvertures, et y plantent les fraisiers. Les racines des fraisiers se développent dans la terre et les mauvaises herbes ne peuvent pas croître entre les fraisiers, car cet espace est justement recouvert de bâche. Cette méthode est aussi utilisée pour les salades et les courges.

Le grand avantage de cette méthode est qu'elle permet d'éviter tout désherbage, c'est incontestable. Cependant, pour nourrir le sol, il faut déplanter les fraisiers et enlever la bâche. Puis il faut tout replanter. La bâche noire, en plein été, fait surchauffer le sol, ce qui nuit aux racines des fraisiers. En hiver, trop fine, la bâche n'empêche pas le sol de geler. Enfin, vous aurez compris que les campagnols se plaisent sous les bâches. Étant donné qu'ils apprécient aussi les fraises, et qu'ils peuvent sortir par les ouvertures de la bâche, le risque de perte de récolte est réel.

La méthode agroécologique

>>> Sur une planche de 1m20 de large, je crée sur toute la longueur deux petites buttes parallèles et de 20-30 cm de hauteur[13]. J'y plante les fraisiers au sommet. Au printemps, je recouvre les pentes des buttes de tonte, compost, cendre, copeaux et je remonte les pentes qui se sont affaissées. À partir de la mi-mai, je recouvre les pentes de 10 cm de foin. Le « fossé » intérieur se trouve alors complètement rempli de foin et quasiment aucune mauvaise herbe ne perce. Pour celles qui arrivent quand même à percer le paillage sur les pentes, je les enlève régulièrement lors des cueillettes. C'est très facile, car la terre des buttes est toujours tendre et humide. Quant aux stolons des fraisiers qu'il faudra couper pour ne pas avoir de fraisiers partout, ils sont aisément repérables sur le foin sec jaune, et ne prennent pas racine trop vite. Le paillage se décomposant avec le temps, une fois devenu trop maigre en automne, je répands par-dessus de la tonte et je recouvre de foin.

Ainsi l'enherbement est réduit, le sol est nourri, et les fraisiers sont surélevés, ce qui diminue le risque de moisissure des fraises.

Rhubarbe et artichaut

>>> Le cycle de culture de la rhubarbe et des artichauts est plus simple. Au début du printemps, on répand de la tonte, des copeaux (ou du BRF) et du compost dans les quantités données précédemment. On paille généreusement (10-15 cm de foin). Au cours de l'été, on coupe à la faucille l'herbe sur le pourtour de la planche, qui pousse à partir des allées. À la

---

13 Il s'agit de simples levées de terre, à ne pas confondre avec les buttes multicouches de permaculture.

fin de l'automne, de la tonte est répandue, dans les quantités préalablement données, directement sur le paillage presque décomposé. Ces cultures sont notoirement gourmandes : traditionnellement on donne une brouette de fumier par plant ! J'admets que moi-même, en contradiction avec l'objectif d'autonomie, j'utilise du fumier[14]. À l'automne, je l'étale avec la tonte sur les restes de paillage, sans l'enfouir. Puis je paille par-dessus avec le foin d'automne. La forte croissance et les grandes feuilles des artichauts comme de la rhubarbe limitent par elles-mêmes les mauvaises herbes, mais un désherbage au début du printemps et avant d'étaler le foin d'automne sont nécessaires. Ils sont faciles, car la terre bien protégée tout au long de l'année est toujours souple et grumeleuse de par l'action des micro-organismes du sol et des vers de terre.

Espèces gourmandes et agroécologie

Y aurait-il des variétés de rhubarbe et d'artichaut, mais aussi de courges et de potirons, qui se suffiraient d'un sol géré de façon agroécologique ? Plus de détails sur cette question dans le chapitre *Logique agroécologique*.

---

14 J'utilise du fumier pour les tomates, les courges, la rhubarbe et les artichauts. Au printemps 2015, j'ai fait livrer une benne (15 T) de fumier, que j'ai payée. Je verrais s'il me faut en faire revenir en 2017.

5. FAIRE DU TERREAU

Beaucoup de jardiniers n'achètent pas des plants poussés et prêts à planter, mais font eux-mêmes les semis. Voir la terre se soulever là où on a déposé une petite graine, puis jour après jour voir la petite plante percer à la lumière, déployer ses premières feuilles et grandir, jusqu'au moment où elle demande à être plantée dans la terre du jardin, tout cela est très gratifiant. Cette joie simple est indissociable du jardinage agroécologique, de même que l'envie d'essayer de faire soi-même un maximum de matériel et de matériaux – le compost, par exemple, mais aussi le terreau.

Avant la graine, le terreau

Pour faire des semis en terrine, en pot ou en plaque à semis, faut-il nécessairement acheter du terreau ? Les plants (de salade, de courges, de tomates...) qui sont vendus dans le commerce sont tous faits dans du terreau *normé* : c'est une terre artificielle recomposée à partir d'argiles, de tourbes, de sables, de calcaires et d'engrais minéraux. Les magasins de bricolage et de jardinage vendent tous du terreau à prix modique. Les maraîchers font tous leurs semis avec du terreau qu'ils achètent. Même les maraîchers biologiques utilisent du terreau normé fabriqué industriellement en ... Allemagne (ce qu'il y a de mieux, m'a-t-on dit) !

Un des objectifs du jardinage agroécologique est d'être le plus autonome possible : on fera donc soi-même le terreau. D'ailleurs, avant la fabrication industrielle de terreau dans les années 1960, tous les maraîchers faisaient leurs semis avec du terreau maison. Ça marchait, ça nourrissait la France...

Le terreau, *kézako* ?

Le terreau est une « petite terre » : une terre qui est plus légère et plus aérée que la terre du jardin. On peut faire l'analogie avec une éponge : les interstices et les vides sont nombreux. Ainsi l'eau est bien retenue dans un terreau et les racines peuvent se déployer sans effort. De même la graine peut germer facilement parce qu'elle ne manque pas d'eau et qu'elle peut soulever facilement le terreau qui la recouvre.

L'humus, encore et toujours

Comment obtenir une terre légère et aérée ? Les fabricants de terreau incorporent une forte proportion de fibres, sous forme de tourbe. C'est ce qui donne au terreau une structure qui rappelle la mousse synthétique. Conforme à l'objectif d'autonomie, nous allons faire du terreau aéré non pas grâce à de la tourbe mais grâce à l'humus.

Faire du terreau maison

Les premières années du jardin

>>> Où trouver de la terre riche en humus dans un terrain que vous venez d'acquérir ? Vous en trouverez sous les tas de bois ou de feuilles : une terre sombre et légère, qui s'égraine très bien.

À partir du troisième automne

À partir du troisième automne de votre jardin, vous pourrez utiliser presque directement la terre des planches.

>>> À l'automne avant de répandre la tonte et d'étaler le foin, prélevez de la terre à l'aide d'une pelle, sans dépasser une profondeur de 15-20 cm. Pour ne pas nuire aux cultures, ne prélevez pas plus d'une brouette tous les 10 m². Préparez un silo de stockage de la terre. Sur un espace plan, où l'eau ne stagne pas, montez trois murets fixes d'environ 50 cm de hauteur (formé d'agglos par exemple). Prévoyez un muret facilement démontable, pour sortir la terre par la suite. Recouvrez le sol d'un géotextile, un tissu de chantier qui laisse filtrer

l'eau mais qui bloque la repousse des herbes. Mon silo fait 2 m² au sol et permet de stocker environ douze brouettes de terre. Sur les bords, posez le cadre d'un tamis à maille d'un centimètre. Pelletez-y la terre prélevée, et au fur à mesure qu'elle s'amoncelle en dessous, jetez des poignées d'herbe. Une fois le silo rempli de terre tamisée, recouvrez la terre d'environ 10 cm de foin, pour qu'elle ne gèle pas.

Idéalement, ce futur terreau doit rester comme une éponge humide : ni gorgée d'eau ni sèche. Si nécessaire, à la fin de l'hiver couvrez-le de tôles ou de bâches étanches, afin qu'il soit plus sec quand vous l'utiliserez pour les premiers semis. Au printemps l'herbe et presque tout le foin auront été transformés en humus, et le tout aura été aéré par les vers de terre. Quel plaisir d'ailleurs que de voir ces vers de terre : même dans les meilleurs sacs de terreau du commerce, on n'en trouve pas ! C'est parce que ces sacs sont stérilisés à la vapeur, pour des raisons d'hygiène.

>>> Avant d'utiliser le terreau, je le transfère dans une poubelle que je garde à côté de ma table à semis. Le simple fait de transférer le terreau à la pelle permet de le décompacter. Voilà : le terreau est prêt ! Je vérifie régulièrement qu'il ne sèche pas trop, en fermant la poubelle et en l'arrosant si nécessaire.

Comment utiliser ce terreau artisanal ?

Si le sous-sol est argileux, ce terreau est plus lourd et moins aéré que celui du commerce. On ne peut donc pas l'utiliser tout à fait comme un terreau du commerce : si on veut qu'il demeure aéré, on ne doit pas le tasser ! Les terreaux du commerce contenant beaucoup de fibres, au contraire il faut les tasser avant d'y déposer la graine, puis il faut tasser à nouveau le terreau épandu par-dessus la graine.

Faire le semis

➤➤➤ Commencez par remplir vos pots ou plaques à semis. Remplissez à ras bord puis, sur votre table à semis, soulevez et faites retomber avec doigté le pot ou la plaque : notre terreau va se tasser juste comme il faut, ni trop ni trop peu. C'est un geste qui requiert un peu de pratique, surtout pour les plaques à semis ! Déposez les graines. Pour ma part, je dépose les graines de salade, de navets, de crucifères, de tomates, une à une, à l'aide d'une pincette plate (une pincette de laboratoire). Ensuite il faut recouvrir très peu les graines, 2 à 3 mm au maximum. J'utilise un tamis à maille de 5 mm, que je remplis de terreau et que je secoue doucement au-dessus du pot ou de la plaque, jusqu'à ne plus voir les graines.

Du juste arrosage

Pour lever, le terreau doit être maintenu humide. L'inconvénient majeur de notre terreau est que si on l'arrose trop vite, il se déstructure : il perd sa structure grumeleuse (donc aérée), car il se transforme en boue. En séchant il se colmate. Au contraire, un terreau du commerce peut être arrosé les yeux fermés : les fibres maintiennent à la fois sa structure et son aération.

➤➤➤ Pour arroser correctement notre terreau artisanal, utilisez un pulvérisateur. Réglez le jet sur « brouillard » et arrosez toujours en déplaçant la buse, de manière à ce que les petits grumeaux de terreau, qui ont été tamisés sur les graines, *ne se désagrègent pas*, ne se liquéfient pas. Attendez que l'eau soit absorbée avant de faire un nouveau passage. Patience ! Cela demande quelques secondes. Par la suite, quand les plants seront grands, vous pourrez arroser plus rapidement, à l'arrosoir même.

Appréhensions

J'avais trois appréhensions en utilisant mon terreau plutôt qu'un terreau acheté.

La première concernait le taux de levée, mais l'expérience m'a montré que celui-ci dépend surtout des variétés : certaines lèvent très bien (> 80%), d'autres mal (< 50%) voire pas du tout. Le taux de levée indique certes si les graines sont bonnes ou pas, mais aussi si les variétés sont adaptées ou pas au sol du jardin. Il ne faut donc pas s'obstiner à planter une variété qui lève très mal. Par exemple, avec mon terreau le chou de Braunschweig ne lève pas et le roux rouge Marner Frührot lève à 95%. Les salades blondes refusent de lever, les batavias lèvent à 100 %.

Ma seconde appréhension concernait les ravageurs, possibles bactéries, champignons et larves présents dans le terreau et qui auraient dévoré ou contaminé les graines germantes. De la centaine de plaques de semis réalisées jusqu'à présent, je n'ai perdu que deux plaques. Pour une il s'agissait d'une de fonte de semis, liée à un surplus d'arrosage et à une météo d'été capricieuse avec alternances rapides de temps chaud sec et froid humide. J'ai perdu la seconde, des batavias, en arrosant les tous jeunes plants avec du purin d'ortie dilué à 10 %. Je croyais bien faire ; cela leur a été fatal. Il y a bien des taupins et des larves de tipules dans le terreau, mais lors des tamisages et du remplissage des pots, on les repère facilement sur le terreau sombre, et il suffit de les enlever. Bien sûr, évitez de laisser un ver de terre dans le pot à semis : il pourrait enfouir la graine ou la pousser à la surface du terreau.

Enfin, j'avais peur que le terreau contienne plein de graines de mauvaises herbes. Il en contient, certes, mais on peut les retirer rapidement au moment de planter. Pour les semis en plaque, leurs racines aident même à sortir la motte sans la casser. Dans mon jardin je ne fais pas plus de 3000 plants par an, la gêne de nettoyer une à une chaque motte de plant est donc minime. Mais ce serait déjà de trop pour les professionnels qui font plusieurs dizaines de milliers de semis et qui plantent de façon mécanisée.

Les avantages du terreau maison

Faire du terreau est donc intéressant pour les raisons suivantes : on est autonome, ça ne coûte rien si ce n'est d'acquérir le matériel pour le silo, et la levée est bonne. Surtout, lors de la plantation les plantes ne sont pas stressées. En effet, le terreau est similaire à la terre des planches : il contient les mêmes bactéries, les mêmes acariens, collemboles, champignons... Dès la germination, les racines s'habituent à la terre du jardin, ce qui n'est pas le cas avec un terreau du commerce. Moins de stress, donc une reprise plus rapide, une croissance plus vigoureuse, moins de maladie, et in fine une meilleure récolte ...

Quelques conseils supplémentaires

Je vous recommande d'éviter de placer les semis dans une serre, hormis pour les plants destinés à la serre, les tomates par exemple. Dans l'objectif agroécologique de laisser pousser les plantes à leur rythme, dès la germination les plantes doivent s'accoutumer autant que possible aux conditions climatiques du jardin. Bien sûr, l'arrosage demeure de votre responsabilité. Les semis doivent subir les changements de températures quotidiens ainsi que le souffle du vent. Pour autant il faut les protéger des ravageurs, des limaces surtout. Je vous recommande des châssis non pas entièrement en verre, mais dont les côtés sont obturés de voile de forçage, qui laisse l'air circuler tout en bloquant efficacement insectes et limaces. Certes, les plants grandissent moins vite qu'en serre ou que dans un châssis traditionnel, mais comme leurs conditions de croissance sont aussi proches que possible de celles du jardin, ils sont aussi peu stressés que possible à la plantation : ils ne flétrissent pas et ils prennent racine rapidement.

Pour être cohérent, je vous invite aussi à ne jamais mettre en terre de plants en racine nue : laissez toujours les racines dans la motte de terreau où elles ont grandi. La pratique des racines nues est commune pour les salades, les crucifères, les cardes... mais les plants doivent, en plus de s'adapter au jardin, se remettre du traumatisme de l'exposition des racines à la lumière et de la perte de turgescence conséquente. Ils végètent pendant plusieurs jours, ce qui attire d'autant plus les limaces.

ILLUSTRATIONS

Illustration 4 : Une prairie fauchée et mulchée aux bonnes dates est tout à fait esthétique.

Illustration 5 : À gauche, le foin est prêt. À droite les bâches noires seront enlevées, la terre sera griffée. Puis l'engrais vert semé sera recouvert directement de foin.

Illustration 6 : Le paillage maintient la terre humide. Les choux se développent avec régularité.

Illustration 7 : De gauche à droite navets, échalotes, moutarde, haricots, fèves. La planche non encore occupée est bâchée.

Illustration 8 : Allée majeure, une planche de fèves et choux raves.

Illustration 9 : À gauche pommes de terre paille. À droite navets, de part et d'autre la terre est paillée pour la nourrir et la protéger en attendant les plantations.

LOGIQUE AGROÉCOLOGIQUE

Nous avons fait le tour des cinq pratiques essentielles du jardinage agroécologique. Je vous propose maintenant de détailler certains points.

Logique de la prairie toujours fertile

Année après année, exporter du foin et de la tonte va épuiser le sol de la prairie : l'herbe sera de plus en plus « maigre » et l'on ne pourra plus faucher qu'une fois par an.

>>> Pour éviter cet appauvrissement, la prairie devra être tondue en mode mulching au moins six fois par an : après les fauchages on fera trois tontes mulching successives.

L'herbe coupée et laissée sur place va nourrir le sol et donc maintenir l'herbe vigoureuse. L'autre effet positif de ces tontes mulching est d' « assouplir » l'herbe : il y aura moins de grosses touffes et elle sera ainsi plus facile à faucher. Pour la surface servant à récolter de la tonte, on alternera tonte mulching et tonte « récolte ».

Question de logique : à partir de quand un sol commence-t-il à s'appauvrir ?

Imaginons une jeune forêt. On conçoit facilement que si année après année on laisse pousser les arbres, sans jamais les couper, que jamais on ne ramasse les feuilles et les branches mortes tombées, le sol de la forêt ne s'appauvrit pas. Les arbres poussent et deviennent de plus en plus luxuriants.

Imaginons maintenant cette forêt mature, vieille de plusieurs siècles. Masanobu Fukuoka estimait[15] que, chaque année, une forêt mature produit 40 tonnes de bois et de feuilles. Grâce aux seules feuilles qui tombent au sol, la fertilité de celui-ci se maintient. Mieux encore, là où un hiver

---
15 Masanobu Fukuoka, *L'agriculture naturelle. Théorie et pratique pour une philosophie verte*, Guy Trédaniel, 2010 (publié au Japon en 1985).

existe, le sol s'épaissit d'année en année. La matière des feuilles tombées est petit à petit transformée en humus, qui s'accumule. Les sols de forêt sont d'ailleurs les sols originels de tous nos champs cultivés : là où les sols de forêt étaient trop fins (sur sous-sol granitique par exemple), on n'a pas défriché.

Maintenant, imaginons que tous les arbres soient abattus et exportés. Que chaque année les rejets soient coupés et exportés. Que toutes les feuilles soient enlevées. Après quelques années, on constatera que le sol baisse. Que le sol devient plus bas ! Pluies et vents emportent lentement mais sûrement les couches d'humus.

Un sol commence donc à s'appauvrir à partir du moment où on exporte trop des plantes qu'il produit. Où se situe ce point de bascule ? Est-ce à 10 % de la production annuelle ? À 80 %? Pour les grandes cultures céréalières, les agriculteurs estiment que ce point de bascule se situe entre 30 et 50 % de la matière végétale annuellement produite.

Application à la prairie

En ce qui nous concerne, pour maintenir fertile le sol de notre prairie, si les conditions climatiques sont rudes (froid et courte saison des hautes altitudes, faible pluviosité du Sud de la France) ou si le sol est très peu profond, je pense qu'il ne faut pas exporter plus de 50 % de la production (foin ou tonte). Si les conditions sont favorables à la prairie, je pense que le point de bascule se situe autour de 25 %.

Voyons comment procéder concrètement pour rendre au sol ces pourcentages de la production annuelle.

1. La prairie fauchée

>>> Si chez vous l'herbe pousse 10 mois par an et si les conditions lui sont favorables, il vous faut tondre en mode mulching la production d'un quart de 10 mois, soit 2 mois et

demi. Donc, après chaque fauche, il vous faut faire en l'espace d'un mois et une semaine quatre tontes mulching.

Pour ma part, à la latitude de la Basse Normandie, l'herbe pousse d'avril à fin novembre, soit durant huit mois. Après chaque fauche, je tonds trois fois en mode mulching à quinze jours d'intervalle (premier passage dans les jours suivant le fauchage). Je restitue donc au sol de ma prairie la production de deux mois, soit un quart de la production annuelle.

2. La prairie tondue

Voyons maintenant comment faire pour la portion de prairie destinée à produire de la tonte. Au printemps et à l'automne, il va nous falloir beaucoup de tonte en l'espace de peu de temps. Mais durant l'été, nous aurons besoin de tonte chaque semaine, pour mulcher les légumes racine.

>>> Au printemps et à l'automne, on tondra toute la surface et une fois sur deux on exportera toute la tonte dans le jardin. En été, on divisera la surface en deux (ou en trois, ou en quatre, selon l'espace disponible) et on tondra chaque surface alternativement en mulching et pour l'export, afin de disposer chaque semaine de tonte. Bien sûr, si l'on n'a pas besoin de tonte alors que l'herbe demande à être tondue, on tondra en mode mulching.

Logique du bilan de matière

Vous aurez compris que la fertilité du jardin dépend principalement des apports de foin et de tonte. Le bilan de matière du jardin est toujours négatif : du jardin on *exporte* toujours. On exporte les parties comestibles des cultures, ainsi que les parties non comestibles (qui vont au compost). Les légumes sont mangés, sont donnés, et on ne ramène pas dans le jardin les excréments humains (ce qui permettrait de « boucler la boucle » mais que, pour des raisons d'hygiène, on ne fera pas). Après quelques années sans retour de matière organique au sol, la productivité du jardin va baisser.

Le bilan de matière de la prairie est quant à lui toujours positif : gérée comme je le préconise, elle produit toujours du foin et de la tonte même sans y ramener de matière organique.

Pour avoir un jardin durablement fertile, il faut que la quantité de matière qu'on extrait du sol du jardin soit compensée par une même quantité de matière qu'on redonne au sol du jardin. Le bilan de matière doit être nul.

En combinant prairie et jardin, on parvient à un bilan de matière nul, donc le jardin sera toujours fertile.

Comment faire sans prairie ?

Résumons les fonctions de la prairie. La prairie permet, par le foin et la tonte qu'elle nous donne,
- de protéger le sol du jardin des intempéries ;
- d'amener de la matière organique au sol du jardin, pour maintenir le taux d'humus de celui-ci ;
- d'équilibrer le bilan de matière.

Il peut vous être impossible, pour diverses raisons, de faire une prairie couplée au jardin. La première question à se poser est de savoir si vous voulez respecter l'esprit de l'agroécologie, c'est-à-dire notamment si vous désirez respecter l'objectif d'autonomie propre à l'agroécologie. Cet objectif peut être vécu comme un pari, un enjeu, un défi à relever. Ou êtes-vous *contraint* à cet objectif ? Sinon, utiliser du fumier vous semble-t-il plus simple et suffisant ? Rien ne vous oblige alors à l'agroécologie, comme je l'expliquerai au chapitre *Le jardinage agroécologique est-il pour vous ?* Seulement, pour éviter les confusions, je vous invite alors à ne pas utiliser le terme d'agroécologie – je trouve qu'on l'emploie souvent à tort et à travers. Quand on fait des croissants, on ne va pas dire qu'on fait des beignets !

Si vous êtes décidés (ou contraints) pour l'objectif d'autonomie, se pose la question de comment reproduire les fonctions de la prairie, sans la prairie ! Je n'ai pas l'expérience pratique du jardin sans prairie, mais je pense qu'en principe deux possibilités s'offrent à vous.

- Trouver un autre *écosystème* qui puisse remplir les mêmes fonctions que la prairie. Par exemple disposer d'un petit morceau de forêt qui, bien géré, aura un bilan de matière toujours positif et vous donnera des feuilles et du BRF en lieu et place du foin et de la tonte ;
- Dissocier les fonctions, c'est-à-dire assigner certains végétaux à la fonction de protection du sol et d'autres végétaux à la fonction de nourriture du sol. De nombreux jardiniers du Sud de la France procèdent ainsi. Le soleil y est fort, les pluies y sont rares, : on a donc tout intérêt à planter des arbres dans le jardin. Les arbres vont surtout servir à ombrer les cultures, ce qui évitera au sol de surchauffer et de s'assécher. Leurs feuilles nourriront aussi le sol, mais pour assurer plus sûrement la fonction de nourriture du sol, on fera des engrais verts après les cultures.

Enfin, il existe cette autre solution, partielle, qui gagnera à être combinée avec les deux précédentes selon les besoins : pour chaque planche, ne faire annuellement qu'une seule culture et, le reste de l'année, occuper le sol avec des engrais verts. Engrais verts que l'on fauchera et que l'on laissera toujours sur la planche. Ainsi on retournera au sol environ 50 % de la matière végétale qu'il aura produite, et le sol sera durablement fertile.

D'une façon ou d'une autre, en agroécologie la production est limitée par la quantité de matière organique dont on dispose *localement* pour nourrir le sol. C'est le prix de la durabilité. Nous y reviendrons.

Logique des rotations de cultures

La rotation de cultures est une pratique traditionnellement très importante dans le jardinage et dans toutes les formes d'agricultures occidentales. La rotation sert notamment à éviter de nombreuses maladies, qui apparaissent quand on fait année après année une même culture au même endroit.

Que le lecteur me permette une réflexion, qui est caractéristique du *jeune âge* des agricultures et jardinages alternatifs que sont l'agroécologie, la permaculture et l'agroforesterie.

Les cultures traditionnelles sont à base de fumier, et l'on sait que le fumier, comme tous les engrais, *force* les plantes à pousser. Peut-on penser que l'humus formé à partir de foin et de tonte n'aurait pas cet effet de forçage sur les plants, au contraire de l'humus formé à partir de fumier ? Et que les plants non forcés émettraient moins de résidus dans le sol que les plants forcés, ce qui réduirait l'occurrence des maladies auto-générées ? Peut-on alors penser que si l'on n'utilise pas de fumier, la nécessité de faire des rotations est moins évidente ? Je ne peux pas avancer de preuves, car mon jardin n'a que quatre ans. Pour l'instant je m'assure de ne pas faire deux années de suite une même culture au même endroit (ce qui est assez facile, car les planches sont divisées en trois et quatre lignes). L'avenir me dira bien si je me trompe, en me confrontant à des plants malades (un des symptômes du manque de rotation).

Pourquoi penser que les rotations sont peut-être superflues ? Parce que c'est ce que la Nature me montre : d'une année sur l'autre, nombre de plantes sauvages poussent toujours au même endroit, sans rabougrir, sans mourir de maladie. Toutefois, et j'en suis conscient, pour vraiment imiter la Nature et peut-être atteindre la confirmation que les rotations sont inutiles, il faudrait introduire les *plantes compagnes* en agroécologie. Car dans la Nature, *les espèces vont toujours par paire sinon par triplets* (ainsi que nous l'enseigne la phytosociologie). En Allemagne, Gertrud Franck[16] entre autres a beaucoup expérimenté sur les plantes compagnes qui favorisent la croissance et la santé des cultures. Cela suggère que ces plantes compagnes, d'une certaine façon, « épurent » le sol des déchets que les cultures peuvent y laisser, ou qu'elles évitent un déséquilibre des populations de bactéries, de champignons ou de minéraux.

Cependant, ce sont autant de plantes supplémentaires dont il faut tenir compte des besoins et des rythmes propres. Pour ma part, j'ai donc choisi de ne pas utiliser de plantes compagnes, pour l'instant. Je m'y déciderai si je constate qu'il m'est inutile de cultiver quarante variétés de toutes sortes et qu'il vaut mieux en cultiver moins, mais en plus grande quantité. Je pense qu'ainsi il sera possible de bien gérer le cycle de culture des plantes compagnes pour l'harmoniser avec celui des cultures. Et surtout, il sera possible de constater si oui ou non elles ont bien l'effet qu'on leur prête. N'oublions pas qu'en agroécologie on fait déjà tout notre possible pour obtenir un sol de la meilleure qualité qui soit, ce qui doit permettre aux cultures d'être vigoureuses et saines. Il s'agit de rester parcimonieux : simplicité, efficacité et élégance !

Note : Ne pas confondre plantes compagnes et associations de cultures. Le principe est le même. On fait deux cultures l'une à côté de l'autre ou l'une avant l'autre, et chaque culture profite à l'autre. Ainsi des carottes et des poireaux, des fraises et de l'ail, des tomates et du basilique. Les plantes compagnes peuvent ne pas être des plantes comestibles.

Logique des espèces gourmandes

Rhubarbe, artichaut, potiron, tomates : sans utiliser de fumier, j'admets que le rendement de ces cultures m'est

---

16 Gertrud FRANCK, *Gesunder Garten durch Mischkultur*, Südwestverlag, 1980.

inconnu. L'apport de fumier permet des récoltes abondantes et goûtues, c'est un fait.

Le jardinier agroécologique pourrait donc se fixer l'objectif suivant : sélectionner les plants qui poussent convenablement dans un sol géré de façon agroécologique, et en faire de nouvelles variétés.

Car n'oublions pas qu'aujourd'hui la quasi-totalité des semences sont des semences de plants adaptés soit à l'usage de pesticides et d'engrais de synthèse (semences de l'agriculture conventionnelle), soit à l'usage de fumier (semences AB). *Il manque des semences proprement agroécologiques, adaptées au sol géré de façon agroécologique.*

Toutefois, la sélection de variétés adaptées aux sols agroécologiques requiert, comme tout travail de sélection, de longues années. Il faut s'y consacrer entièrement. Si l'agroécologie doit se développer en France, il sera indispensable de produire des semences agroécologiques.

Tout jardinier amateur peut par contre faire ses propres semences agroécologiques de légumineuses (haricots, pois, fèves), de radis, de roquette, de salade : une année suffit pour obtenir des graines. Pour cela, je vous conseille de lire au préalable quelque ouvrage sur la production de semences au jardin, pour respecter la biologie de la reproduction des espèces concernées.

LE JARDINAGE AGROÉCOLOGIQUE EST-IL POUR VOUS ?

Comme toute technique, comme tout outil, comme toute méthode, les pratiques du jardinage agroécologique ont une fonction et une limite d'usage, et, selon le contexte, elles ont des avantages et des inconvénients.

En soi, une pratique est objective, mais correspond-elle à votre personnalité, à vos valeurs ?

Pour répondre à cette question, je vous propose une synthèse des comparaisons entre le jardinage traditionnel et le jardinage agroécologique.

Objectifs

Tradition	Agroécologie
Terre noire, grumeleuse et souple	
Produire	Être autonome

Ressources

Tradition	Agroécologie
Fumier, à acheter, à faire venir	Foin, tonte et compost, produits localement
On peut jardiner sur un petit espace	Il faut de la place pour la prairie

Production maximale

Tradition	Agroécologie
Déterminée par la quantité de fumier	Déterminée par la taille de la prairie

Premier seuil psychologique

La limitation de la production maximale, aussi simple que cela paraisse d'un point de vue logique, constitue un seuil psychologique important : le jardin agroécologique n'est pas une corne d'abondance ! *La durabilité impose la finitude.*

Le jardinage traditionnel allège des questions de la production maximale et de la durabilité de la fertilité, car il suffit de faire venir plus ou moins de fumier, plus ou moins souvent, pour avoir toujours de gros légumes. Par le passé, le fumier de cheval était une ressource en surabondance, un déchet qu'il fallait évacuer des villes. Puis avec les engrais à base d'os, de guano, puis les engrais de synthèse, la disponibilité des minéraux nécessaires à la croissance des cultures restait certaine et peu onéreuse. Aujourd'hui, il faut payer le fumier, et sa qualité peut être douteuse s'il provient d'élevages industriels (par la nourriture artificielle des animaux et, surtout, par la présence dans le fumier d'antibiotiques, de vermifuges et d'insectifuges qui vont nuire aux petits habitants du sol). *Choisir l'agroécologie implique de porter soi-même une part de la responsabilité de la fertilité durable sol* : on ne délègue plus à l'éleveur.

Deuxième seuil psychologique

On va porter une *part* seulement de responsabilité, car – épreuve de suprême humilité – l'autre part de responsabilité revient à la Nature. C'est une évidence, que la modernité nous a fait oublier. On doit accepter que le taux d'humus dans le sol dépend de l'activité des petits habitants du sol, qui elle-même dépend du foin et de la tonte livrée par la prairie. Et non plus directement de nous et de l'art de bien incorporer le fumier à la terre. Deuxième seuil psychologique donc : on est responsable, mais on ne dirige pas tout ! On rompt avec le besoin ardent de contrôler toute la Nature en la contraignant, besoin qui est caractéristique de notre société moderne.

Lever un malentendu

Les opposants à l'agroécologie lui reprochent sa faible production maximale. Je leur réponds qu'il y a *deux échelles : l'échelle de la quantité produite et l'échelle de la fertilité durable du sol.* En agroécologie, ces deux échelles sont liées. Dans le jardinage traditionnel, et dans l'agriculture conventionnelle, ces deux échelles sont dissociées. Lier ou dissocier les deux échelles est un choix.

Le réflexe de la modernité est de s'affranchir des limites imposées par la Nature : on a cru cela possible parce qu'on ramenait à la surface du globe de la matière organique enfouie, le charbon et le pétrole, et qu'on s'est mis à transformer cette matière fossile en matière vivante (via la fabrication des engrais de synthèse et des carburants, pour semer, faire pousser et récolter). On a dissocié les deux échelles et on a fait reposer la quantité de production ainsi que la fertilité durable sur le pétrole et les produits de synthèse, qu'on a fait entrer dans le système agricole.

Je ne veux pas porter un jugement de valeur ; c'est dans notre nature humaine d'essayer tout ce qu'il est possible de faire. Simplement, il est aussi dans notre nature humaine – d'Homme moderne – de garantir nos libertés de pensée et d'action. Que chacun fasse comme il le souhaite, sans nuire à son prochain. Ce sera déjà très bien, ce sera déjà une avancée notoire par rapport à la situation présente dans l'agriculture.

Enfin, il est erroné de vouloir hiérarchiser la production de l'agriculture conventionnelle, industrialisée et reposant sur la transformation du pétrole, et la production de l'agroécologie qui aspire à la professionnalisation. C'est comme comparer le rendement d'une menuiserie industrielle au rendement d'un artisan menuisier : les objectifs du premier ne sont pas ceux du second. Les objectifs de l'agriculture conventionnelle, et du jardinage traditionnel, ne sont pas les mêmes que ceux du jardinage agroécologique.

Temps de travail

Tradition	Agroécologie
Beaucoup de temps pour préparer le sol au printemps	Travail régulier de mars à novembre pour protéger et nourrir le sol (pailler, apporter de la tonte, mettre les bâches)
Binages bi-hebdomadaires	Arrachage mensuel à la main des mauvaises herbes et coupe à la faucille de l'herbe des bords de planche
Une livraison de fumier en fin d'hiver	Fauchages au printemps et à l'automne, quotidiennement pendant deux semaines à chaque fois (selon la taille de la prairie)

Effort physique

Tradition	Agroécologie
Bêcher et retourner la terre	Étaler du foin, épandre de la tonte Griffer le sol
Incorporer du fumier	Étaler du foin, épandre de la tonte et du compost
Biner	Arracher à la main les mauvaises herbes
Sarcler les allées tous les quinze jours	Tondre les allées enherbées tous les quinze jours

Santé du sol

Tradition	Agroécologie
Souffre du gel en hiver et de la surchauffe en été	Protégé des extrêmes de température
Sensible à l'érosion	Protégé de l'érosion
Argile remontée par les retournements	Argile laissée en profondeur

Fertilité du jardin

Tradition	Agroécologie
Bilan de matière négatif	Bilan de matière nul
Dépendance vis-à-vis des éleveurs équins ou bovins	Auto-fertilité

Apparence du jardin

Tradition	Agroécologie
Le marron de la terre nue et sèche prédomine	Le jaune du paillage alterne avec le vert des allées, des zones tampons et de la prairie
Toujours « propre » et ras (allées sarclées, terre binée)	Toujours en croissance (vigueur libérée de l'herbe des zones tampons et de la prairie)
Mauvaises herbes qui poussent de l'automne au printemps	Planches paillées puis couverte de bâches noires

S'il fallait ne retenir que deux comparaisons

	Tradition	Agroécologie
Travail	Intense au printemps et en été	Modéré, mais tout au long de l'année
La Nature et le jardinier	Seules comptent les cultures	Gérer la vigueur de la Nature

Je ne saurais vous dire qu'il faut jeter aux oubliettes le jardinage traditionnel. Je vous dis juste que vous avez le choix.

Et l'argument écologique ?

Si l'on veut « sauver » la Nature, la planète, la biodiversité, les ours blancs et les éléphants, faut-il nécessairement opter pour le jardinage agroécologique ? Qui serais-je pour me permettre de juger de cela ? La Nature sera toujours là, quand bien même nous aurions pollué tous les sols et toutes les rivières au point d'en faire disparaître notre espèce.

Aucune technique ne procure la bonne conscience ou la paix de l'âme.

Suivez votre intuition, allez vers ce que vous comprenez et ce que vous pensez être capable de faire. Une morale que l'on ne met pas en pratique ne sert à rien.

CONCLUSION

Pas de retour dans le passé

Le jardinage agroécologique n'est pas celui que pratiquaient les générations de mes grand-parents et arrière-grand-parents. Quand eux aimaient avoir un jardin « propre », avec des allées en terre et des planches sans aucune mauvaise herbe, où la terre était à nu été comme hiver, le jardinier agroécologique du XXIe siècle aime avoir des allées enherbées et des planches paillées.

Mes aïeux ne connaissaient pas les processus écologiques du sol qui génèrent sa fertilité, notamment le concept d'humus, mélange organo-minéral créé par les organismes du sol et qui libère progressivement des minéraux que les plantes peuvent assimiler. Dans un sol strictement minéral, aucune forme de vie autre que les lichens et les mousses ne sont possibles. C'est la grande erreur de la révolution verte des années 1950 – 1960 que d'avoir réduit le sol à un seul substrat minéral, idéologie dont nous payons aujourd'hui le prix avec des terres épuisées et acidifiées, ou – pour celles et ceux qui doutent de la précédente affirmation – des cultures qui ne peuvent pas venir à maturité sans apports d'engrais de synthèse, et des récoltes peu nourrissantes. Car qui ose affirmer que des légumes sans goût, comme on trouve plein en grande surface, sont nourrissants ? Si le goût existe, d'un point de vue évolutionniste, c'est pour une raison : pour indiquer que l'aliment est sain et nourrissant. Diverses études scientifiques ont montré que les teneurs en vitamines des récoltes ont été divisées par dix en cinquante ans, d'où le nombre important de maladies dégénératives (cancers, allergies et aussi paresse intellectuelle je n'en doute pas...).

Les connaissances écologiques datent seulement des années 1970. Elles sont progressivement appliquées à l'agriculture conventionnelle qui, pour ne pas renoncer de but en blanc aux pesticides comme l'agriculture biologique, préfère l'appellation d'agriculture écologiquement intensive, quand ce n'est pas l'agroécologie[17]. Évolution plutôt que révolution, mais dans quelles limites peut-on faire confiance à l'industrie chimico-agro-alimentaire ? C'est là un autre débat.

Vertus et limites du jardinage agroécologique

Aujourd'hui, les avantages du paillage sont bien établis en *jardinage*, mais cette pratique n'a pas trouvé place dans le maraîchage conventionnel ni même biologique, car elle ne semble pas pouvoir être mécanisée. Ainsi perdurent donc, en maraîchage conventionnel comme biologique, le labour pour l'incorporation du fumier et le sarclage systématique des cultures. Ce qui fait dire aux détracteurs de l'agriculture biologique que c'est une agriculture du passé, par les techniques et par le labeur physique. Ils ont raison, et c'était justement un des objectifs de la révolution verte que de réduire cette pénibilité physique. Le jardinage agroécologique ne requiert pas ou très peu de mécanisation ; manuel il n'en est pas pour autant pénible. De ce point de vue je considère donc qu'il est tout à fait moderne.

L'agroécologie professionnelle ?

Rendement

Venons-en à la question du rendement du jardinage agroécologique. Avec l'expérience dont je dispose, je pense que la petite surface de 1000 m² permet de produire environ 2 tonnes de légumes et petits fruits par an, donc de générer un chiffre d'affaires annuel maximal de 5000 euros en posant un prix de vente moyen de 2,50 € le kg. C'est très peu. La confirmation est théorique : je ramène au sol de mon jardin 6 tonnes (foin,

---

[17] Les différentes utilisations du mot agroécologie sont présentées en annexe.

tonte et compost) annuellement. Il est raisonnable de penser que le tiers de cette masse est transformable en légumes, le reste constituant les racines, les tiges et les feuilles non consommables. Certes, les frais annuels (semences, essence, autres) sont aussi très faibles, de l'ordre de 400 euros. 5000 euros suffisent comme investissement initial. Mais on voit que c'est impossible de vivre de l'agroécologie, car le rendement horaire est trop faible (même si certaines cultures ont un bon rendement au m², par exemple les haricots à 4 kg au m², 15 salades au m², betteraves et navets à 7 kg au m², chou-rave à 5 kg au m²). L'économie française, qui considère le travail comme un coût, pose que chaque travailleur doit soit cotiser au moins 4000 € par an, soit, s'il a moins de 7700 euros de revenu par an, vivre de l'aide social. Plutôt que cette polarisation, qui empêche notoirement la création d'emplois dans notre bon pays, une cotisation proportionnelle aux bénéfices permettrait au jardinage agroécologique de devenir une pratique professionnelle. Mais c'est là aussi un autre débat[18].

Objectifs

Dans notre société, seul l'argent compte, donc le rendement horaire par individu. Mais faut-il toujours tout ramener à l'argent ? La question-clé est celle-ci : au-delà des méthodes, dont chacune a des avantages et des inconvénients, les légumes agroécologiques sont-ils meilleurs (plus riche en éléments nourrissants) que les légumes produits de façon traditionnelle avec du fumier ? Honnêtement, je pense que la qualité agroécologique est légèrement supérieure : les salades et

---

18 Je dirai juste que les mouvements de grève généralisée du printemps 2016 attestent un manque de maturité politique. Il faut passer d'une politique qui bride à une politique qui permet... il faut infuser le sens des réalités du jardinage dans la politique ! Je suis dépité de constater que, quand la Nature nourrit nos espoirs et nos efforts, la vie politique française démontre un immobilisme contre-nature.

les haricots se « tiennent » très bien, les choux et navets ne sont pas écœurants par excès de soufre.

La question de la régularité des récoltes est importante. Au cours d'étés caniculaires, comme celui que nous venons de traverser en 2015, ou après des hivers rudes, je pense que les sols soignés de façon agroécologique ont plus de réserve d'eau et d'humus, et leur température est plus constante. Ils augmentent donc la probabilité d'obtenir de bonnes récoltes d'une année sur l'autre.

Enfin, remplacer le fumier par la tonte et le foin réduit aussi le risque de maladie des légumes, car on n'a plus besoin de penser en termes de légumes gourmands ou sobres : les oignons poussent bien dans un sol nourri à la tonte et paillé, tout comme les choux. Dans le jardinage traditionnel, au contraire, il faut respecter une succession des cultures selon leurs besoins en fumier. Par exemple, choux et courges ont de gros besoins, haricots et oignons aucun, donc sur une planche bien fumée on fera d'abord des légumes « gourmands » puis deux ans après des légumes « sobres ». Ne pas respecter cette succession, par erreur, fait baisser les rendements et favorise les maladies.

Et le prix ?

Pour que le jardinage agroécologique soit professionnellement viable, on peut penser qu'il faille vendre les légumes plus chers que les légumes « simplement » bio. Car en agroécologie on prend plus de soin du sol. Mais je pense que ce n'est pas conforme à l'esprit de l'agroécologie. *D'une part produire de bons et sains légumes ne nécessite pas d'outils onéreux, au contraire. D'autre part, la France a signé une charte de l'ONU instituant le droit de chaque personne à disposer d'une alimentation saine et nourrissante.* Pensons au Kenya et à ses paysans ne disposant d'aucunes machines : l'agroécologie s'y développe et constitue une avancée notable, car elle permet une production en quantités correctes et régulières. Elle permet l'émergence d'une économie locale, certes petite mais stable, là où avant il n'y avait que misère et famine. Les Kényans agroécologistes sont mieux nourris que les ouvriers Français, pour qui le bio est trop cher ! Il y a un siècle tous les Français mangeaient bio et aujourd'hui seuls les cadres et l'élite peuvent se permettre une alimentation sans pesticides : est-ce cela le progrès ?

En route pour l'avenir

Je pense que l'agroécologie doit continuer à évoluer sur le chemin qui lui est propre, pour augmenter son rendement horaire sans compromettre ses objectifs. Cela passe peut-être par une spécialisation sur certaines cultures : cette simplification du jardin rendrait plus facile d'utiliser au maximum les principes agroécologiques (le principe des plantes compagnes notamment). Amateur ou aspirant à la professionnalisation, le jardinier agroécologiste doit être fier de savoir que ses méthodes respectent les processus naturels tout en les valorisant, et qu'il est ainsi le digne héritier du premier agronome de France, Olivier de Serres. Celui-ci écrivait dans son théâtre d'agriculture au XVIe siècle[19] que « pour contrôler la Nature, il faut lui obéir ». Modestie n'est pas misère.

---

19 Olivier DE SERRES, *Théâtre d'agriculture et mesnage des champs*, première édition 1600. 25e édition Actes Sud, 2001.

ANNEXES

Une question de mot

Vous aurez certainement entendu parler de l'agroécologie dans différents contextes : politique, administratif, scientifique, économique, agricole. À chaque fois, ce qu'on met dans ce mot diffère. Je vous propose une petite liste des différentes utilisations du mot « agroécologie ».

1. Utilisation scientifique : l'agroécologie est comprise comme un sous-domaine de la recherche écologique (l'écologie des systèmes agricoles).
2. Utilisation du ministère : l'agroécologie est comprise comme un ensemble de méthodes permettant de réduire l'utilisation des pesticides et d'améliorer la fertilité des sols.
3. Utilisation dans la presse grand public : l'agroécologie est comprise comme une nouvelle mode.
4. Utilisation des fondateurs : l'agroécologie est comprise comme une agriculture sans pesticides, sans engrais de synthèse, sans plantes hybrides, artisanale, autonome, sur petite surface, avec vente en direct sans intermédiaire. C'est l'agroécologie promue par Pierre Rabhi et par les autres fondateurs présentés par exemple dans le film de Marie-Monique Robin *Les moissons du futur*.
5. Utilisation politique par l'extrême-gauche (ou néo-communistes) : l'agroécologie est comprise comme un moyen de cultiver collectivement la terre ; elle sert à nourrir des personnes vivant en communauté dans un « éco-lieu » et à « faire du lien » entre elles.

L'utilisation scientifique est légitime. Toutefois elle porte à confusion : ainsi on peut mener une étude scientifique sur l'agroécologie d'une ferme industrielle ou sur l'agroécologie d'une production de tomates hors-sol sous serre, l'utilisation ou non de pesticides n'étant pas pertinente.

L'utilisation administrative du ministère est selon moi un détournement de sens (pour ne pas dire une usurpation) : étant donné qu'il ne s'agit pas de l'agroécologie au sens scientifique, le ministère parle d'agroécologie mais sans la considérer comme un sous-domaine de l'agriculture biologique ! L'agroécologie promue par le ministère autorise les pesticides... Le progrès à la française...

L'utilisation dans les médias grand public est opportuniste : ses promoteurs, qui sont des sociétés anonymes cotées en bourse, souhaitent gagner de l'argent en communiquant en masse sur l'agroécologie. Ces sociétés servent la spéculation boursière, elles nourrissent un fort désir d'argent pour sustenter la finance. Or le monde de la finance n'est pas compatible avec l'humilité inhérente à l'agroécologie des fondateurs, il lui est même totalement opposé. Ce genre de média privilégie les apparences et les émotions, et n'hésite pas à simplifier, jusqu'à dénaturer, un sujet pour augmenter les ventes... Mon conseil : ne vous contentez pas de la forme, soyez exigeants sur le fond.

Quant à l'utilisation par l'extrême-gauche, elle est légitime, mais il faut prendre garde à ne pas associer les deux : l'alliance de l'agroécologie et du néo-communisme n'est pas obligatoire.

Enfin, il faut prendre garde aux stratégies commerciales opportunistes de s'afficher « agroécologie-conforme ». Notre beau pays a connu de nombreux scandales agricoles et alimentaires ; nul doute que l'agroécologie attire déjà la convoitise des truands.

Vous aurez compris que ce petit livre et mes autres ouvrages se situent dans la lignée des fondateurs de l'agroécologie. Et pour que cette lignée perdure, il faut mettre en lumière, avec la même force de caractère que Masanobu Fukuoka (un fondateur de la permaculture), les utilisations et interprétations de l'agroécologie qui lui portent préjudice. Il ne faut pas que cette forme d'agriculture, qui est récente et qui a plein de potentiel, perde si tôt son identité.

Pour aller plus loin

Une idée centrale de l'agroécologie est de toujours adapter les techniques aux conditions du jardin : climat, caractéristiques du sous-sol, faune et flore sauvages... Vous trouverez de nombreux exemples de techniques dans mon *cours technique d'agroécologie*, avec 79 illustrations des techniques utilisées dans mon Jardin des Frênes.

Agroécologie : Cours Technique, Éditions BoD, 2015
ISBN 9 782 322 015 948, 63 p. A4, 14,99€

Adapter les techniques est important, en inventer de nouvelles est tout aussi gratifiant. Mais à partir de quelles connaissances et avec quels objectifs ? Dans mon cours théorique d'agroécologie, je vous propose de passer en revue tous les aspects de l'agroécologie : scientifiques, historiques, sociologiques, prospectifs, psychologiques, philosophiques et même spirituels, afin de réfléchir pleinement au potentiel cultural et au potentiel d'épanouissement humain de l'agroécologie.

Agroécologie : Cours Théorique, Éditions BoD, 2015
ISBN 9 782 322 016 815, 238 p. A4, 25€

Enfin, je vous invite à lire *NAGESI*, ouvrage dédié aux questions de la co-évolution du triptyque Nature – Société – Quête de sens. C'est un chemin entre pensée industrielle et mystères, entre intelligence et pseudo-sciences, entre spiritualité et alimentation.

NAGESI, Éditions BoD, 2016
ISBN 9 782 810 616 824, 316 p. A5, 14,99€

Enfin, je vous invite à suivre mon **Cours d'entomologie agricole**. *Comment gérer les insectes sans recourir aux pesticides.* Formation en ligne de l'Institut Technique d'Agriculture Naturelle, école d'agriculture durable.

Présentation de l'agriculture naturelle inspirée de Masanobu Fukuoka sur http:\\www.itan.fr. Pour s'inscrire à la formation en ligne : http:\\ecole-agriculture-durable.eu